D1180550

Toujours Provence

Van Peter Mayle verscheen eveneens bij Het Spectrum:

Een jaar in de Provence
Luxe liefhebberijen

Peter Mayle

Toujours Provence

Het Spectrum

Boeken van Het Spectrum worden
in de handel gebracht door:
Uitgeverij Het Spectrum B.V.
Postbus 2073
3500 GB Utrecht

Oorspronkelijke titel: *Toujours Provence*
Uitgegeven door: Hamish Hamilton, London
Copyright © 1991 by Peter Mayle
Illustraties: Judith Clancy
Vertaald door: Annelies Hazenberg
Omslagontwerp: A. Van Velsen, Hilversum
Omslagillustratie: John Harris
Zetwerk: Pre Press, Baarn
Druk: Wiener Verlag, Oostenrijk
Eerste druk: 1991
Tweede druk: oktober 1991
Derde druk: juli 1993
Eerste druk als gebonden uitgave: 1994
Derde druk als gebonden uitgave: 1997

020 0608 03   ISBN 90 274 3435 2   NUGI 470

CIP-GEGEVENS KONINKLIJKE BIBLIOTHEEK, DEN HAAG

Truffels kopen van Monsieur X

Het hele heimelijke gedoe begon met een telefoontje uit Londen. Het was mijn vriend Frank, die ooit in een populair tijdschrift beschreven was als een kluizenaarmagnaat. Ik kende hem beter als een smulpaap van hoog niveau, een man die de avondmaaltijd even ernstig opvatte als andere mannen de politiek. In de keuken is Frank net een jachthond die iets op het spoor is; hij loopt voortdurend te snuffelen, kijkt in pannen, beeft van vreugdevolle verwachting. De geur van een voedzame gekruide *cassoulet* brengt hem in trance. Mijn vrouw zegt dat hij een van de dankbaarste dinergasten is voor wie ze ooit gekookt heeft.

Met een ondertoon van angst in zijn stem legde hij uit waarom hij belde.

'Het is al maart,' zei hij, 'en ik maak me zorgen over de truffels. Zijn ze er nog?'

In maart loopt het truffelseizoen op zijn eind, en zo dicht als we ook bij het truffelgebied in de uitlopers van de Mont Ventoux zaten, op de markten om ons heen leken de handelaars verdwenen. Ik zei Frank dat hij de zaak misschien te lang op zijn beloop gelaten had.

Er volgde een ontzette stilte waarin hij kennelijk dacht aan al de gastronomische geneugten die hij nu zijn neus voorbij zag gaan: geen truffelomeletten, geen truffels *en croûte*, geen gebraden varkenslapjes bestrooid met stukjes truffel. Het stilzwijgen aan de lijn was zwaar van teleurstelling.

'Er is nog een mannetje,' zei ik, 'dat er misschien nog een paar heeft. Ik zou hem wel aan kunnen schieten.'

Frank spon van vreugde. 'Prachtig, prachtig. Een paar kilootjes maar. Ik stop ze in eierdozen en bewaar ze in de vriezer. Truffels in de lente, truffels in de zomer. Twee kilootjes maar.'

Twee kilo verse truffels zouden in Parijs meer dan £ 1.000 hebben gekost. Zelfs hier in de Provence, waar je niet met een lange rij tussenhandelaren te maken had en rechtstreeks van de truffeljagers met hun bemodderde laarzen en gelooide handen kocht, zou het een indrukwekkende investering worden. Ik vroeg Frank of hij wel zeker wist dat hij zo'n grote hoeveelheid hebben wilde.

'Ik kan toch niet zonder komen zitten,' zei hij. 'Nou ja, zie maar hoe ver je komt.'

Mijn enige contact met de truffelhandel bestond uit een telefoonnummer dat de chef van een van onze plaatselijke restaurants op de achterkant van de rekening gekrabbeld had. Hij had ons verteld dat dit *un homme sérieux* op het gebied van truffels was, een man op wiens eerlijkheid niets aan te merken viel, iets wat niet altijd het geval is in de duistere wereld van de truffelhandel waarin kleine oplichterijen even gewoon heten te zijn als zonnige dagen in Aix. Ik had verhalen gehoord over truffels die met hagelkorrels waren volgepropt of van een laagje modder voorzien om ze zwaarder te maken, en van nog ergere gevallen waarbij inferieure exemplaren uit Italië waren binnengesmokkeld en als raszuivere Franse truffels verkocht. Als je geen betrouwbare leverancier had kon je lelijk gefopt worden.

Ik belde het nummer dat ik van de chef gekregen had, en noemde zijn naam tegen de man die opnam. *Ah, oui.* Mijn geloofsbrieven werden geaccepteerd. Wat kon hij voor me doen?

Had hij nog truffels? Misschien nog wel twee kilo?

'*Oh là là,*' zei de stem. 'Heeft u een restaurant?'

Nee, zei ik, ik wilde de truffels kopen voor een vriend in Engeland.

'Een Engelsman? *Mon Dieu.*'

Na enkele minuten sissend inzuigen der adem en uitleg geven over de niet geringe problemen verbonden aan het vinden van zoveel truffels zo laat in het seizoen, beloofde Monsieur X (zijn *nom de truffe*) nog eens met zijn honden de heuvels in te zullen trekken om te kijken wat hij nog vinden kon. Hij zou me een seintje geven, maar dat zou niet één twee drie zijn. Ik moest maar in de buurt van de telefoon blijven en geduld oefenen.

Er verstreek een week, bijna twee, en toen ging op een avond de telefoon over.

Een stem zei: 'Ik heb het bestelde. We kunnen elkaar morgenavond treffen.'

Hij gaf me opdracht om zes uur 's avonds bij een *telefooncabine* op de weg naar Carpentras te staan wachten. Wat voor merk en kleur had mijn wagen? En dan nog iets belangrijks: hij nam geen cheques aan. Hij

– 7 –

had het liever contant, zei hij. (Naar ik later ontdekte is dit standaardgewoonte in de truffelhandel. De handelaars zien geen heil in paperassentroep, schrijven geen kwitanties uit, en schuiven zo'n belachelijke uitvinding als de inkomstenbelasting met een geringschattend gebaar terzijde.)

Ik kwam net voor zessen bij de telefooncel aan. De weg was volkomen verlaten, en ik was mij onbehaaglijk bewust van het dikke pak contanten in mijn zak. De kranten hadden vol gestaan met artikelen over overvallen en andere onprettige gebeurtenissen op de achterafwegen van de Vaucluse. Volgens de verslaggever van *Le Provençal* zwierven er bendes schooiers rond en deden verstandige burgers er goed aan thuis te blijven.

Wat deed ik hier buiten in het donker met een rol 500-francbiljetten ter dikte van een salami in mijn zak, als een hulpeloze, vetgemeste lokeend voor bandieten? Ik doorzocht de auto naar iets om me mee te verdedigen, maar ik kwam niet verder dan een boodschappenmandje en een oud exemplaar van de *Guide Michelin*.

Er verliepen tien trage minuten voordat ik een stel koplampen zag. Een gedeukt Citroën bestelwagentje naderde rochelend en stopte aan de andere kant van de telefooncel. De bestuurder en ik bekeken elkaar steels vanuit de veiligheid van onze vervoermiddelen. Hij was alleen. Ik stapte uit.

Ik had verwacht een oude boer met zwarte tanden en linnen laarzen en een schurkachtige gluiperige blik te treffen, maar Monsieur X was jong en had kortgeknipt zwart haar en een keurige snor. Het leek een aardige vent. Hij grinnikte zelfs toen hij mij de hand drukte.

'In het donker had u mijn huis nooit gevonden,' zei hij. 'Rijdt u maar achter mij aan.'

We reden weg en verlieten de hoofdweg voor een slingerend stenig pad dat steeds verder de heuvels invoerde, waarbij Monsieur X voortscheurde alsof hij over de *autoroute* reed en ik stuiterend en rammelend achter hem aan kwam. Uiteindelijk reed hij een smalle hekopening door en parkeerde voor een door groepjes dwergeiken omgeven onverlicht huis. Toen ik mijn portier opende verscheen er uit de schaduwen een grote Duitse herder die nadenkend mijn been inspecteerde. Ik hoopte dat hij al te eten had gekregen.

Zodra ik door de voordeur stapte rook ik truffels – die zware, enigszins bedorven geur die door alles behalve glas en blik heen dringt. Zelfs eieren waarbij je een truffel in het doosje hebt gestopt gaan naar truffels smaken.

En daar stonden ze op de keukentafel, opgetast in een oud mandje, zwart, bultig en knobbelig, lelijk, verrukkelijk en duur.

'*Voilà.*' Monsieur X hield me de mand onder de neus. 'Ik heb de modder eraf geveegd. U moet ze pas wassen vlak voordat u ze wilt eten.'

Hij liep naar een kast en haalde er een stokoude weegschaal uit die hij aan een haak in de balk boven de tafel ophing. Een voor een legde hij de truffels, ze tegelijkertijd met een licht kneepje controlerend op hun stevigheid, op de zwart uitgeslagen schaal, en vertelde onder het wegen over zijn nieuwe experiment. Hij had een Vietnamees miniatuurvarkentje gekocht dat hij hoopte tot een truffelsnuffel *extraordinaire* te kunnen trainen. Varkens hadden een scherpere reukzin dan honden, zei hij, maar aangezien het normale varken de grootte van een tractor bezat was het geen handige reisgezel bij tochtjes naar de truffeljachtgronden aan de voet van de Mont Ventoux.

De naald van de weegschaal bleef eerst aarzelend en dan vastbesloten staan bij twee kilo, en Monsieur X verpakte de truffels in twee linnen zakjes. Hij likte aan zijn duim en telde de biljetten die ik hem overhandigde.

'*C'est bieng.*' Hij haalde een fles *marc* en twee glazen te voorschijn, en we dronken op het welslagen van zijn varkensafrichtingsplannen. Het volgend seizoen moest ik eens een dagje met hem meegaan om het varken in actie te zien, zei hij. Het zou een grote stap vooruit in de truffelzoektechniek betekenen – *le super-cochon*. Bij mijn vertrek schonk hij me een handvol piepkleine truffeltjes en zijn omeletrecept, en wenste me *bon voyage* naar Londen.

De geur van de truffels vergezelde me toen ik naar huis reed. De volgende dag rook mijn handbagage naar truffels en toen het toestel op Heathrow neerstreek steeg er uit het kastje boven mij een zware walm op toen ik mijn tas eruit haalde om deze langs de röntgenachtige blik van de Britse douanebeambten heen te voeren. Andere passagiers wierpen me eigenaardige blikken toe en schoven van me weg, alsof ik in het laatste stadium van mond- en klauwzeer verkeerde.

Het was net in de tijd dat Edwina Currie het salmonella-alarm geluid had, en ik zag mezelf al als door een troep speurhonden in een hoek gedreven worden en quarantaine opgelegd krijgen vanwege het importeren van exotische stoffen die de volksgezondheid in gevaar zouden kunnen brengen. Ik wandelde behoedzaam langs de douane. Nergens trilde echter ook maar één neusvleugel. De taxichauffeur daarentegen was van de grootst mogelijke achterdocht bezield.

'*Blimey*,' zei hij, 'wat heeft u daar nou?'

'Truffels.'

'Oh, juist. Truffels. Al een hele tijd dood zeker?'

Hij schoof het raampje tussen ons dicht en de gebruikelijke taxichauffeursmonoloog bleef me bespaard. Toen hij me bij Franks huis had afgezet stapte hij nadrukkelijk uit om de achterraampjes te openen.

De kluizenaar-magnaat deed in eigen persoon open en stortte zich op de truffels. Hij liet een van de linnen zakjes onder zijn dinergasten rondgaan, van wie er sommigen enigszins in het ongewisse verkeerden wat ze eigenlijk roken, en liet toen zijn hoofdcommandant in huishoudelijke zaken opdraven, een Schot met zo'n statig optreden en houding dat ik hem altijd in gedachten een Generaal Domus noem.

'Ik denk dat we met deze dingetjes maar meteen iets moesten doen, Vaughan,' zei Frank.

Vaughan trok zijn wenkbrauwen op en snoof beschaafd. Hij wist wat die dingetjes waren.

'Ah,' zei hij, 'de eerbiedwaardige truffel. Een heel goede combinatie met de *foie gras* morgen.'

Monsieur X zou instemmend hebben geknikt.

Het was vreemd om weer in Londen te zijn na een afwezigheid van bijna twee jaar. Ik had het gevoel er niet thuis te horen, een vreemdeling te zijn, en ik was verbaasd te constateren dat ik zo veranderd was. Of misschien lag het aan Londen. Er werd daar eindeloos gepraat over geld, de prijzen van onroerend goed, de beurs en allerlei soorten bedrijfsacrobatiek. Over het weer, ooit een traditioneel Engelse bron van klachten, werd geen woord gezegd, wat eigenlijk wel zo goed was. Want daaraan was in ieder geval niets veranderd, de dagen gingen voorbij in een waas van grijze motregen, waarbij de mensen op straat ineengedoken voortliepen vanwege het onafgebroken op hen neerdalende water. In het verkeer zat nauwelijks beweging, maar de meeste chauffeurs schenen het niet eens te merken, zij zaten druk in hun autotelefoon te praten, waarschijnlijk over geld en de prijzen van onroerend goed. Ik miste het licht en de ruimte van de wijde Provence, en ik besefte dat ik nooit meer met plezier in een stad zou gaan wonen.

Op weg naar het vliegveld vroeg de taxichauffeur me waar ik heen ging, en toen ik het hem vertelde knikte hij herkennend.

'Daar ben ik eens geweest,' zei hij. 'In Fréjus, met de caravan. Verrekte duur was het er.'

Hij rekende me £ 25 voor de rit, wenste me een prettige vakantie en waarschuwde me voor het drinkwater, dat hem in Fréjus de das had omgedaan. Drie dagen plat, zei hij. De vrouw had het wel leuk gevonden.

Ik vloog van de winter weg en de lente binnen, en werkte de informaliteiten van de aankomst op Marignane af, waar ik nooit iets van begrijp. Marseille heeft de naam het centrum van de halve drugshandel in

Europa te zijn, en toch kunnen passagiers er met hun handbagage volgepropt met hasj, cocaïne, heroïne, Engelse Cheddar, of welke andere vorm van smokkelwaar ook zo de luchthaven uitwandelen zonder door de douane te moeten. Net als het weer was dit een volledig contrast met Heathrow.

Monsieur X was verheugd te vernemen hoe welkom zijn twee kilo truffels geweest waren.

'Een echte liefhebber zeker, die vriend van u.'

Ja, dat is ie, zei ik, maar sommige van zijn vrienden vonden de lucht niet helemaal je dat.

Ik kon hem door de telefoon heen bijna zijn schouders horen ophalen. Tja, die is een beetje speciaal. Niet iedereen vindt ze lekker. *Tant mieux* voor de mensen die ze wel lekker vinden. Hij lachte, en zijn stem kreeg een vertrouwelijke klank.

'Ik heb u iets te laten zien,' zei hij. 'Een film die ik gemaakt heb. Als u het leuk vindt zouden we die wel eens kunnen bekijken, met een glaasje *marc* erbij.'

Toen ik uiteindelijk zijn huis gevonden had begroette de Duitse herder me als was ik een reeds lang geleden kwijtgeraakt bot, en Monsieur X riep hem tot de orde, waarbij hij tegen hem siste zoals ik jagers in het bos dat ook had horen doen.

'Hij is alleen maar wat speels,' zei hij. Ook dat had ik al eens eerder gehoord.

Ik volgde hem de koele, naar truffels geurende keuken binnen, en hij schonk *marc* in twee dikke waterglazen. Ik moest maar Alain tegen hem zeggen, zei hij, waarbij hij zijn naam uitsprak met een zware Provençaalse neusklank: *Alang.*

We liepen de woonkamer in, waar de luiken gesloten waren tegen het zonlicht, en hij hurkte voor het televisietoestel neer om een cassette in de videorecorder te stoppen.

'*Voilà*,' zei Alain. 'Het is geen Truffaut, maar ik heb een vriend met een camera. Ik wil er hierna nog een maken, maar dan meer *professionnel.*'

De herkenningsmelodie uit *Jean de Florette* begon, en er verscheen een beeld op het scherm: Alain op de rug gezien, en twee honden die tegen een rotsige heuvel opliepen, met de Mont Ventoux en zijn witte top ver weg op de achtergrond. Er verscheen een titel: *Rabasses de Ma Colline*, en Alain legde uit dat *rabasses* het Provençaalse woord voor truffels was.

Ondanks de ietwat beverige hand van degene die de camera bediende en een zekere abruptheid in de opeenvolging van de beelden, was het fascinerend. Je zag de honden zoekend rondsnuffelen, hier en daar in de aarde krabben, en dan heftig graven tot Alain hen zachtjes opzij duwde en eindeloos voorzichtig onder de losgekrabde aarde rondtastte. Iedere keer dat zijn hand een truffel omhoog bracht werden de honden met een biscuitje of een flintertje worst beloond en zoomde de camera close-up in op een met aarde overdekte hand met een met aarde overdekte klomp erin. Er was geen commentaar bij opgenomen, maar Alain praatte de beelden aaneen.

'Ze werkt goed, dat kleintje,' zei hij toen er een kleine, niet tot een bepaald ras behorende hond in beeld verscheen die rondsnuffelde bij de onderstam van een truffeleik, 'maar ze wordt oud.' De hond begon te graven, en Alain kwam erbij. Er volgde een close-up van een zanderige neus, en Alains hand die de hondekop wegduwde. Zijn vingers porden in de aarde, haalden er stenen uit, groeven geduldig voort tot hij een kuil van ongeveer vijftien centimeter diepte gemaakt had.

Het beeld sprong plotseling over op de spitse, waakzame snuit van een fret, en Alain stond op en drukte de fast-forwardknop op de videorecorder in. 'Dat gaat alleen over de konijnejacht,' zei hij, 'maar er zit nog iets anders leuks op deze film, wat je vandaag de dag niet dikwijls meer ziet. Over niet al te lange tijd is het geschiedenis.'

Hij bracht de film tot het normale tempo terug op het punt waar de fret iet of wat tegenstribbelend in een rugzak gestopt werd. Opnieuw een plotselinge overgang, deze keer op een groepje eiken. Een Citroën 2CV bestelwagentje zwaaide het beeld in en kwam tot stilstand; een zeer oude man met een pet op en een vormeloos oud jasje aan stapte uit, grijnsde stralend naar de camera en liep langzaam naar de achterkant van het bestelautootje. Hij opende de deur en haalde een primitieve houten loopplank te voorschijn. Hij keek nogmaals stralend om naar de camera voordat hij in het binnenste van het bestelwagentje tastte. Hij richtte zich op met het uiteinde van een eind touw in de hand, grijnsde opnieuw en begon te trekken.

De bestelauto beefde, en daarop verscheen centimeter voor centimeter het vuilroze profiel van een varkenskop. De oude man trok opnieuw, nu harder, en het monsterachtige schepsel kwam onvast de loopplank afgewaggeld, met flapperende oren en flikkerende oogjes. Ik verwachtte half en half dat het beest het voorbeeld van zijn meester zou volgen en lonken

— 15 —

naar de camera, maar het bleef domweg maar zo'n beetje in de zon staan, enorm en gelaten, onberoerd door het filmsterschap.

'Vorig jaar,' zei Alain, 'heeft dat varken bijna driehonderd kilo truffels gevonden. *Un bon paquet*.'

Ik kon het nauwelijks geloven. Ik zat hier te kijken naar een dier dat vorig jaar meer verdiend had dan de meeste van die bedrijfsbaasjes in Londen, en dat ook nog zonder van een autotelefoon gebruik te kunnen maken.

De oude man en het varken dwaalden tussen de bomen weg alsof ze zomaar wat gingen wandelen, twee ronde figuurtjes bespikkeld door de winterse zonneschijn. De beeldbuis werd donker toen de camera inzoomde tot een close-up van een paar laarzen en vandaar op een plekje grond. Een zanderige snuit ter grootte van een rioolbuis kwam het shot binnen, en het varken toog aan het werk, waarbij zijn snuit ritmisch heen en weer ging en zijn oren over zijn ogen vielen: een grondmachine met slechts één doel voor ogen.

De kop van het varken maakte een rukkende beweging, en de camera ging achteruit zodat de oude man in beeld kwam die aan het touw stond te trekken. Het varken voelde er weinig voor afscheid te nemen van hetgeen kennelijk een hoogst aantrekkelijke geur was.

'Voor een varken,' zei Alain, 'hebben truffels een seksuele geur. Daarom kun je hem soms maar moeilijk overhalen opzij te gaan.'

Met het touw wilde het de oude man niet lukken. Hij bukte zich en zette zijn schouder tegen de flank van het varken, en ze bleven met z'n tweeën tegen elkaar aan staan duwen tot het varken onwillig opzij stapte. De oude man tastte in zijn broekzak en palmeerde iets in de bek van het varken. Hij voerde het beest toch zeker geen truffels voor vijftig franc per hapje?

'Eikels,' zei Alain. 'Nu moet je opletten.'

De knielende gestalte kwam overeind en wendde zich tot de camera met één hand voor zich uitgestoken. Daarop lag een truffel, iets groter dan een golfbal; op de achtergrond zag je het glimlachende gezicht van de oude boer, wiens gouden vullingen glinsterden in de zon. De truffel ging in een canvas tas vol vlekken, en varken en boerke liepen door naar de volgende boom. De beeldenreeks sloot af met een shot van de oude baas die beide handen voor zich uit hield met een hoge stapel modderige klompjes erin. De oogst van een ochtendje goed aanpoten.

Ik verheugde mij erop het varken weer in de bestelauto geladen te zien worden, hetgeen naar ik me voorstelde sluwheid, behendigheid, en vele eikels zou vereisen, maar in plaats daarvan eindigde de film met een lange shot van de Mont Ventoux en nog wat meer muziek uit *Jean de Florette*.

'Je ziet de problemen met het gewone varken,' zei Alain. Dat deed ik zeker. 'Ik hoop dat het mijne dezelfde neus zal hebben zonder de...' Hij breidde zijn armen uit ter aanduiding van omvang. 'Ga maar even mee haar bekijken. Ze heeft een Engelse naam. Ze heet Peegy.'

Peegy woonde in een omheinde ruimte naast Alains beide honden. Ze was ternauwernood groter dan een dikke Corgi, zwart, bolbuikig en schuw. We leunden tegen de omheining en keken naar haar. Ze knorde, draaide ons haar rug toe en rolde zich op in de hoek. Alain zei dat ze heel vriendelijk was en dat hij binnenkort zou beginnen haar af te richten, nu het seizoen was afgelopen en hij meer tijd had. Ik vroeg hem hoe hij dat aan ging pakken.

'Met geduld,' zei hij. 'Ik heb de herder tot *chien truffier* opgeleid, ofschoon hij er geen natuurlijk instinct voor heeft. Ik denk dat dat met het varkentje ook kan.'

Ik zei dat ik het diertje dolgraag in actie zou zien, en Alain nodigde me uit in de winter een dag met hem mee tussen de truffeleiken op jacht te gaan. Hij was het volstrekte tegendeel van de argwanende, zwijgzame boeren die de truffelhandel in de Vaucluse in handen heetten te hebben; Alain was een enthousiast die graag anderen in zijn enthousiasme liet delen.

Toen ik wegging gaf hij me een kopie van een affiche waarop een mijlpaal in de truffelgeschiedenis werd aangekondigd. In het dorpje Bedoin, onder aan de Mont Ventoux, zou een poging worden ondernomen om een wereldrecord te vestigen, namelijk dat van de grootste truffelomelet die er ooit gemaakt was, om te worden '*enregistrée comme record mondial au Guinness Book*'. De getallen waren verbijsterend: 70.000 eieren, 100 kilo truffels, 100 liter olie, elf kilo zout en zes kilo peper zouden er, vermoedelijk door een team van Provençaalse reuzen, in een omeletpan met een doorsnee van tien meter worden gemikt. De opbrengst van het geheel ging naar een goed doel. Het zou een gedenkwaardige dag worden, zei Alain. Nu al waren er onderhandelingen aan de gang over de aanschaf van een vloot fonkelnieuwe betonmolens die de ingrediën-

ten tot de juiste samenstelling zouden mengen, onder
toezicht van enkele van de meest vooraanstaande chef-
koks van de Vaucluse.

Ik zei dat het niet het soort gebeurtenis was dat men
normaliter met de truffelhandel in verband bracht. Ze
was te open, te publiek, ze had zo helemaal niets weg
van de louche zaakjes die volgens de geruchten in achterafstraatjes en op markten werden afgewikkeld.

'Och, dat,' zei Alain. 'Het is waar dat er wel mensen
zijn die een beetje...' Hij maakte een kronkelende beweging met zijn hand '...*serpentin* zijn.' Hij keek me aan
en grinnikte. 'De volgende keer zal ik je wel eens wat
verhalen vertellen.'

Hij wuifde me uit, en onder het naar huis rijden
vroeg ik me af of ik Frank zou kunnen overhalen uit
Londen over te komen om getuige te zijn van de poging het wereldrecord voor de grootste omelet te breken. Het was het soort gastronomisch evenement dat
hij leuk zou vinden, en natuurlijk moest Vaughan de
Generaal Domus ook meekomen. Ik zag hem al onbe-
rispelijk uitgedost in zijn truffelbereidingskostuum de
operatie leiden wanneer de betonmolens de ingrediënten begonnen op te slokken: 'Daar nog een em-
mertje peper bij, *mon bonhomme*, als je zo goed wilt zijn.'
Misschien konden we wel een koksmuts in zijn clan-
ruit voor hem vinden, met bijpassende broek. Ik kwam
tot de conclusie dat ik 's middags geen *marc* zou moeten drinken. Het had een rare uitwerking op je hersenen.

– 2 –
De zingende padden van St. Pantaléon

Van alle bizarre evenementen die er georganiseerd worden bij de feestelijke herdenking van de massale onthoofding van de Franse aristocratie, tweehonderd jaar geleden, is van een van de meest bizarre tot dusver geen melding gemaakt. Niet eens ons plaatselijk krantje, dat dikwijls frontpagina-artikelen brouwt uit zulke onbetekenende voorvalletjes als de diefstal van een bestelwagen van de markt van Coustellet of een *boules*-wedstrijd tussen het ene dorp en het andere – niet eens de nieuwsjagers van *Le Provençal* waren voldoende op de hoogte om er iets over te brengen. Dit is een wereldprimeur.

Ik kreeg er voor het eerst iets over te horen tegen het eind van de winter. In het café tegenover de *boulangerie* te Lumières debatteerden twee mannen over een vraag die nooit bij mij was opgekomen: konden padden zingen?

De grootste van de twee, aan zijn machtige, grove knuisten en het fijne stoflaagje over zijn blauwe *combinaisons* te zien een metselaar, meende duidelijk van niet.

'Als padden kunnen zingen,' zei hij, 'dan ben ik de president van Frankrijk.' Hij nam een lange teug uit zijn glas rode wijn. 'Eh, Madame,' brulde hij naar de vrouw achter de bar, 'wat denkt u?'

Madame keek op van haar vloervegerij en legde haar handen in rusthouding op het uiteinde van haar bezemsteel om de zaak haar volle aandacht te geven. 'Het is wel duidelijk dat jij niet de president van Frankrijk bent,' zei ze. 'Maar hoe het met padden zit...' Ze haalde haar schouders op, 'Ik weet niets van padden af. Het zou kunnen. Het leven is vreemd. Ik heb eens een Siamese kat gehad die altijd op het *toilette* ging. Ik heb er nog kleurenfoto's van.'

De kleinste van de twee mannen leunde in zijn stoel achterover alsof er zonet iets bewezen was.

'Zie je wel? Alles kan. Mijn zwager heeft me verteld dat er in St. Pantaléon iemand zit die een heleboel padden heeft. Hij traint ze voor de Bicentenaire.'

'*Ah bon*?' zei de grootste. 'En wat gaan ze doen? Met vlaggen zwaaien? Dansen?'

'Ze gaan zingen.' De kleinste ledigde zijn wijnglas en duwde zijn stoel achteruit. 'Tegen de veertiende juli kunnen ze de Marseillaise ten gehore brengen, is mij verzekerd.'

Het tweetal ging nog steeds redetwistend naar buiten, en ik probeerde me voor te stellen hoe iemand schepselen met een beperkt stembereik zou kunnen leren de opzwepende klanken te reproduceren die elke vaderlandslievende Fransman een tinteling van trots doet voelen bij de gedachte aan in manden vallende afgehouwen edelliedenhoofden. Misschien was het voor elkaar te krijgen. Ik had alleen maar zomerkikkers zonder opleiding om het huis heen horen kwaken. De grotere en misschien begaafdere pad zou mogelijk meer octaven kunnen omspannen en de lange noten beter aanhouden. Maar hoe richtte men padden af, en wat zou het voor iemand zijn die zijn tijd aan een dergelijke uitdaging wilde wijden? Het idee boeide me ontzaglijk.

Alvorens de man in St. Pantaléon op te sporen besloot ik nog eens wat navraag te doen. Mijn buurman Massot zou wel verstand van padden hebben. Naar hij me dikwijls had meegedeeld wist hij alles wat er te weten viel over de natuur, het weer en ieder levend wezen dat er in de Provence rondliep of -vloog of -kroop. Waar het politiek en onroerend-goedprijzen betrof stond hij niet voor honderd procent zeker in zijn schoenen, maar qua kennis van de natuur kon niemand aan hem tippen.

Ik liep over het pad langs de bosrand naar het klamme dalletje waar Massots huis tegen een steile helling weggekropen lag. Zijn drie honden stormden op me af tot hun kettingen hen met een ruk stuitten in hun vaart zodat ze met hun voorpoten de lucht in gingen. Ik bleef buiten hun bereik en floot. Er volgde een geluid alsof er iets op de vloer viel en een gevloekt *putain!*, en daar verscheen Massot in de deur met druipende oranjekleurige handen.

Hij kwam naar de oprit, halverwege zijn honden tot zwijgen trappend, en bood me zijn elleboog te schudden aan. Hij was aan het schilderen, zei hij, om zijn vastgoed nog begeerlijker te maken voor wanneer hij in de lente zijn pogingen om het te verkopen hervatte. Vond ik het oranje niet geweldig vrolijk?

Na zijn artistiek inzicht geprezen te hebben vroeg ik hem wat hij me over padden vertellen kon. Hij plukte aan zijn snor en kleurde die voor de helft oranje voordat hij aan de verf aan zijn vingers dacht.

'*Merde.*' Hij poetste met een lap over zijn snor, aldus de verf nog verder uitsmerend over zijn toch al uitbundig getinte huid, die door de jaren heen door de wind en veel goedkope wijn de kleur van nieuwe baksteen had gekregen. Hij bleef een tijdje nadenkend voor zich uitkijken, en schudde dan zijn hoofd.

'Ik heb nooit padden gegeten,' zei hij. 'Kikkers, ja, die wel. Maar padden nooit. Er zal ongetwijfeld wel een Engels recept voor bestaan. Of niet?'

Ik besloot geen poging te doen tot een beschrijving van toad-in-the-hole. 'Ik wil ze niet eten. Ik wil weten of ze kunnen zingen.'

Massot tuurde me enige tijd onderzoekend aan in een poging vast te stellen of ik in ernst sprak.

'Honden kunnen wel zingen,' zei hij. 'Je geeft ze gewoon een trap in de *couilles* en dan...' Hij boog zijn hoofd achterover en jankte. 'Misschien zingen padden ook wel. Wie weet. Bij dieren is het allemaal een kwestie van training. Mijn oom in Forcalquier had een geit die altijd begon te dansen wanneer hij een accordeon hoorde. Dat deed hij heel lollig, die geit, hoewel naar mijn mening niet zo elegant als een varken dat ik eens bij een stelletje zigeuners heb gezien; *dat* was nog eens een dier dat dansen kon. *Très délicat*, ondanks de grootte van het beest.'

Ik vertelde Massot wat ik in het café had opgevangen. Kende hij toevalligerwijze die man die padden africhtte?

'*Non. Il n'est pas du coin.*' Al was St. Pantaléon maar enkele kilometers verderop, het lag aan de andere kant van de N 100 en werd derhalve beschouwd als behorend tot het buitenland.

Massot begon me een onwaarschijnlijk verhaal te vertellen over een tamme hagedis toen hij zich zijn schilderwerk herinnerde, mij andermaal zijn elleboog aanbood, en naar zijn oranje muren terugkeerde. Op de terugweg naar huis kwam ik tot de conclusie dat het geen zin had bij iemand van onze andere buren te informeren naar dingen die zo ver weg gebeurden. Ik zou naar Pantaléon moeten en mijn onderzoekingen daar voortzetten.

St. Pantaléon is niet groot, zelfs niet voor een dorp. Er wonen misschien honderd mensen, er is een *auberge*, en er is een klein twaalfde-eeuws kerkje met een uit rotsgesteente gehouwen kerkhof erbij. De graven zijn al jaren leeg, maar de vorm ervan is nog zichtbaar, en sommige zijn op babymaat. Ik was er op een naargeestige, koude dag, waarop de mistral boomtakken zo kaal als beenderen met een ratelend geluid tegen elkaar sloeg.

Een oude vrouw veegde haar stoep met de wind in haar rug, zodat het zand en de lege Gauloisepakjes als vanzelf op het stoepje van haar buurvrouw belandden. Ik vroeg haar of ze me de weg kon wijzen naar het huis van de meneer met de zingende padden. Ze rolde met haar ogen en verdween in haar huis, de deur met een klap achter zich dichttrekkend. Toen ik doorliep zag ik het gordijn licht bewegen. Straks, bij de lunch, zou ze haar man vertellen van de geschifte buitenlander die er door het dorp zwierf.

Net voor de bocht in de weg die naar Monsieur Audes werkplaats – de *Ferronnerie d'Art* – leidde, zat een

man over zijn Mobylette gebogen met een schroevedraaier in het ding te porren. Ik ging maar eens bij
hem mijn licht opsteken.

'*Beh oui*,' zei hij. 'Dat is Monsieur Salques. Ze zeggen dat hij een paddenliefhebber is, maar ik heb hem
nooit ontmoet. Hij woont buiten het dorp.'

Ik volgde zijn aanwijzingen op tot ik bij een klein
stenen huis kwam dat iets van de weg af stond. Het
grind op de oprit zag eruit alsof het gekamd was, de
brievenbus was pas geverfd, een visitekaartje in een
perspexhoesje verkondigde in koperen lettertjes: *Ho-
noré Salques, Études Diverses*. Dat leek vrijwel elke mogelijke studie te dekken. Ik vroeg me af wat hij nog meer
deed tussen het leiden van de kooroefeningen van zijn
padden door.

Toen ik het pad opliep deed hij open en bleef naar
me staan kijken, zijn hoofd naar voren gestoken, felle
oogjes achter een goudomrande bril. Alles aan hem
ademde netheid, vanaf zijn nauwgezet in een schei-
ding gekamde zwarte haar tot aan zijn opmerkelijk
schone, kleine schoenen. In zijn broek zat een scherpe
vouw en hij had een das om. Ik kon de klanken van
fluitmuziek uit het huis horen komen.

'Eindelijk,' zei hij. 'De telefoon is al drie dagen *en
panne*. Het is een schande.' Hij maakte een rukkende
beweging met zijn hoofd naar me toe. 'Waar is uw gereedschap?'

Ik legde uit dat ik niet zijn telefoon kwam repare-
ren, maar alleen iets over zijn interessante werk met
padden wilde vernemen. Hij trok zijn kleren recht en
streek met een keurige hand over zijn toch al volmaakt
kreukloze das.

'U bent Engelsman. Ik hoor het. Wat leuk om te horen dat het bericht van mijn kleine bijdrage aan de feestviering Engeland heeft bereikt.'

Ik voelde er weinig voor hem te vertellen dat zelfs in het vlakbij gelegen Lumières het verhaal al met aanzienlijk ongeloof ontvangen was, en aangezien hij nu in een goed humeur was vroeg ik of ik misschien een bezoekje aan het koor mocht brengen.

Hij maakte klokkende geluidjes en bewoog een vinger onder mijn neus heen en weer. 'Het is wel duidelijk dat u niets van padden weet. Ze worden pas in de lente actief. Maar als u wilt kan ik u wel laten zien waar ze wonen. Wacht u hier maar even.'

Hij liep het huis binnen en kwam weer te voorschijn, nu gehuld in een dik vest tegen de kilte en met in zijn hand een zaklantaarn en een grote oude sleutel waarop in koperen lettertjes *Studio* stond. Ik liep achter hem aan door de tuin tot we bij een bijenkorfvormig gebouwtje kwamen, opgetrokken uit zonder specie opeengestapelde platte stenen – een van de *bories* die duizend jaar geleden typerend waren voor de bouwstijl in de Vaucluse.

Salques opende de deur en scheen met de zaklantaarn in de *borie* naar binnen. Tegen de muur lag een wal van zanderige aarde die omlaag liep naar een opblaasbaar plastic poedelbadje in het midden. Boven het badje hing een microfoon aan het plafond, maar van de *artistes* was niets te bekennen.

'Ze zitten weggekropen in het zand, te slapen,' zei Salques en gebaarde met zijn zaklantaarn. 'Hier' – hij liet het licht van de zaklantaarn over de wal links onder aan de muur spelen – 'heb ik de soort *Bufo viridis*.

Die maakt een geluid dat op dat van een kanarie lijkt.'
Hij tuitte zijn lippen en produceerde enkele fraaie tril-
lertjes voor me. 'En hier' – de lichtbundel gleed naar
de tegenoverliggende wal – 'zit de *Bufo calamita*. Die
heeft een keelblaas die hij enorm uit kan zetten, en de
roep is *très, très fort*.' Hij drukte zijn kin op zijn borstkas
en kwaakte. 'Ziet u wel? Het zijn twee sterk contrasterende geluiden.'

Monsieur Salques legde vervolgens uit hoe hij muziek ging maken van iets wat mij weinig veelbelovend
materiaal leek. In de lente, in welk seizoen een *bufo*
lichtzinnige paringsgedachten krijgt, zouden de bewoners van de zandwallen te voorschijn komen en zich
onder het zingen van hun liefdesliederen gaan vermei-
en in het poedelbadje. Vanwege een zekere aangebo-
ren zedigheid van de *bufo* zou dit alles 's nachts plaatsvinden, maar – *pas de problème* – elk vogelachtig piepje
en masculien gekwaak zou via de microfoon worden
vastgelegd op een bandrecorder in Monsieur Salques'
werkkamer. Daarna zouden de geluiden worden gese-
lecteerd, opnieuw gemixed, geklutst en gehusseld en
in algemene zin middels de toverkracht van de elek-
tronica worden omgewerkt tot ze herkenbaar werden
als de Marseillaise.

En dat was nog maar het begin. Daar we weldra in
1992 zouden leven, was monsieur Salques alvast een
volledig origineel werk aan het componeren – een
volkslied voor de landen van de EEG. Vond ik dat
geen opwindende gedachte?

Mijn reactie was echter niet zozeer een van opwinding als wel een van diepe teleurstelling. Ik had gehoopt op live-optredens, massale paddenkoren waar-

van de enorme keelzakken op zouden zwellen als één, Salques die hen vanaf zijn podium zou dirigeren, een aangrijpende solo van de eerste alt, een ademloos naar elk piepje en knorrertje luisterend publiek. Dat zou een muzikale belevenis zijn geweest om te koesteren.

Maar elektronisch verwerkt gekwaak? Het was excentriek, dat zeker, maar het miste de superbe waanzin van een koor van levende padden. En wat de EG-deun betrof had ik ernstige twijfels. Als de bureaucraten in Brussel er jaren over konden doen om tot overeenstemming te komen over zulke eenvoudige kwesties als de kleur van een paspoort en het aanvaardbare aantal bacteriën in yoghurt, wat bestond er dan voor hoop dat men het ooit eens zou worden over een melodie, laat staan een door padden gezongen melodie? Wat zou mevrouw Thatcher er wel van zeggen?

Ik wist in feite precies wat mevrouw Thatcher zou zeggen – 'Het moeten *Britse* padden zijn' – maar ik wilde geen politieke en kunstkwesties dooreen halen, dus stelde ik alleen maar de voor de hand liggende vraag.

Waarom nam hij daar nou padden voor?

Monsieur Sarques keek me aan alsof ik opzettelijk traag van begrip was. 'Omdat,' zei hij, 'dat nooit eerder gedaan is.'

Uiteraard.

Tijdens de lentemaanden en de eerste weken van de zomer dacht ik er dikwijls over om nog eens te gaan kijken hoe Monsieur Sarques en zijn padden voeren, maar ik besloot tot juli te wachten, in welke maand het *concerto bufo* zou zijn opgenomen. Met een beetje geluk zou ik dan misschien ook het EG-lied te horen krijgen.

Maar toen ik bij het huis aankwam bleek er geen Monsieur Sarques thuis te zijn. Een mevrouw met een gezicht als een walnoot deed met één hand open, met haar andere hand het aanvalsgedeelte van een stofzuiger omklemmend.

Was Monsieur thuis? De vrouw schoof achteruit het huis binnen en zette de stofzuiger af.

Non. Hij is naar Parijs vertrokken. Na een kort zwijgen voegde ze eraan toe: voor de viering van de Bicentenaire.

Dan heeft hij zijn muziek zeker meegenomen?

Dat kan ik u niet zeggen. Ik ben de huishoudster.

Ik wilde de tocht niet helemaal voor niets gemaakt hebben, dus vroeg ik of ik de padden mocht zien.

Non. Ze zijn moe. Monsieur Sarques heeft gezegd dat ze niet gestoord mochten worden.

Dank u wel, Madame.

De rien, Monsieur.

In de dagen voorafgaande aan de veertiende juli kwamen de kranten vol te staan met berichten over de feestelijke voorbereidingen in Parijs: de praalwagens, het grote vuurwerk, de staatshoofden die zouden komen, de garderobe van Cathérine Deneuve, maar nergens, zelfs niet in de culturele bijlage, zag ik iets vermeld over de zingende padden. De bestorming van de Bastille werd herdacht zonder dat er één enkel kwaakje aan te pas kwam. Ik wist dat hij het live had moeten doen.

ijn vrouw zag hem voor het eerst op de weg die naar Ménerbes voert. Hij liep voort naast een man wiens nette, schone kleding scherp contrasteerde met zijn eigen schandalig uiterlijk; hij zag eruit als een smerig langharig vloerkleed dat over een staketsel van botten was gedrapeerd. En toch was ondanks de vervilte vacht en de kop vol klitten duidelijk te zien dat deze hond er een was van een typisch Frans ras, een soort ruwharige pointer die officieel bekendstaat als de Griffon Korthals. Onder die sjofele buitenkant verschool zich een *chien de race*.

Een van onze eigen honden was ook een Korthals, maar men ziet ze in de Provence niet vaak, en dus zette mijn vrouw de auto aan de kant om een praatje met een collega-Korthalseigenaar te maken. Wat een toeval, zei ze, dat zij ook een hond van hetzelfde ongewone ras had.

De man keek neer op de hond, die even tijd had vrijgemaakt om een stofbad te nemen, en stapte achteruit om zich te distantiëren van de warboel van poten en oren die daar in de berm lag te rollen.

'Madame,' zei hij, 'hij loopt wel met me mee, maar het is niet mijn hond. We zijn elkaar op de weg tegengekomen. Ik weet echt niet van wie hij is.'

Toen mijn vrouw me bij haar terugkeer uit het dorp van de hond vertelde had ik het onheil al moeten zien naderen. Honden zijn voor haar wat nertsjassen voor andere vrouwen zijn; ze zou er een huis vol van willen hebben. We hadden er al twee, en ik vond dat meer dan genoeg. Ze gaf me gelijk, zij het zonder veel overtuiging, en de volgende paar dagen zag ik haar telkens weer hoopvol in de richting van de weg kijken om te zien of de schimmige verschijning nog in de buurt ronddwaalde.

Waarschijnlijk was het daarbij gebleven als we geen telefoontje van een vriendin uit het dorp gekregen hadden, om ons te vertellen dat er net zo'n hond als die van ons elke dag voor de *épicerie* bivakkeerde, aangetrokken door de geur van hammen en eigengemaakte *pâtés*. Elke avond verdween hij weer. Niemand in het dorp kende de eigenaar. Misschien was hij verdwaald. Mijn vrouw beleefde een *crise de chien*. Zij was te weten gekomen dat zwerf- of afgedankte honden door de Société Protectrice des Animaux (de Franse dierenbescherming) nog geen week in leven worden gehouden. Als niemand ze hebben wil worden ze afgemaakt. Hoe konden we dit met welke hond ook laten gebeuren, laat staan met een schepsel van niet in twijfel te trekken nobele afstamming?

Ik belde met de S.P.A. en ving bot. Mijn vrouw begon ettelijke uren per dag in het dorp door te brengen onder het mom daar een brood te moeten kopen, maar de hond was in rook opgegaan. Toen ik zei dat hij kennelijk naar huis was gegaan keek mijn vrouw me aan alsof ik had voorgesteld een baby te grillen voor het avondeten. Ik belde opnieuw met de S.P.A.

Er verstreken twee weken zonder dat de hond ergens werd waargenomen. Mijn vrouw kwijnde, en de man bij de S.P.A. kreeg zijn buik vol van onze dagelijkse telefoontjes. En toen kwam ons contact bij de *épicerie* met concreet nieuws over de brug: de hond woonde in het bos bij het huis van een van haar klanten, die hem restjes voerde en hem op het terras liet slapen.

Zelden heb ik een vrouw zo snel tot actie zien overgaan. Binnen een half uur kwam mijn vrouw de oprit weer oprijden met een glimlach die van vijftig meter afstand te zien was. Naast haar in de auto zag ik de enorme ruige kop van haar passagier. Nog steeds stralend van vreugde stapte ze uit de auto.

'Hij moet uitgehongerd zijn,' zei ze. 'Hij heeft zijn gordel opgegeten. Is hij niet prachtig?'

De hond werd uit zijn stoel gelokt en bleef met alles kwispelend voor ons staan. Hij zag er verschrikkelijk uit: een uiterst onfrisse bontklont ter grootte van een Duitse herder, met een garnering van twijgjes en bladeren die door zijn verklitte vacht gevlochten zaten, botten die overal uit zijn lijf priemden en een knoert van een bruine neus die door het struikgewas van zijn snor heen stak. Hij lichtte zijn poot tegen de zijkant van de auto en verspreidde het grind met zijn poten in alle richtingen alvorens zich op zijn buik uit te strekken, met zijn achterpoten recht naar achteren en vijftien centimeter roze tong bespikkeld met splintertjes veiligheidsgordel bungelend uit zijn bek.

'Is hij niet prachtig?' vroeg mijn vrouw opnieuw.

Ik stak mijn hand naar hem uit. Hij stond op, nam mijn pols tussen zijn kaken en begon me de binnenplaats op te trekken. Hij bezat een zeer imposant gebit.

'Zie je wel. Hij mag je.'

Ik vroeg of we misschien iets anders hadden dat we hem te eten konden aanbieden, en wurmde mijn gedeukte pols vrij. Hij at in drie grote happen een bak hondevoer leeg, dronk luidruchtig uit een emmer water en veegde zijn snor af door zich op het gras neer te werpen. Onze twee teefjes wisten niet wat ze van hem moesten denken, en ik evenmin.

'Stakkerdje,' zei mijn vrouw. 'We zullen met hem naar de dierenarts moeten, en hem laten trimmen.'

In elk huwelijk doen zich ogenblikken voor waarop in debat gaan geen zin heeft. Ik maakte voor die middag een afspraak met Madame Hélène, *toilettage de chiens*, aangezien geen enkele dierenarts die zichzelf respecteerde hem in de toestand waarin hij was ook maar met een tang aan zou raken. Madame Hélène zou wel aan de toiletteerproblemen van plattelandshonden gewend zijn, hoopte ik.

Ze stelde zich na de eerste schok heel dapper op. Haar andere klantje, een abrikooskleurig miniatuurpoedeltje, jankte angstig en probeerde zich in een tijdschriftenrek te verstoppen.

'Het zou misschien het beste zijn,' zei ze, 'als ik hem maar het eerste deed. Hij ruikt wel sterk, *n'est-ce pas?* Waar is hij geweest?'

'Ik denk in het bos.'

'Mmm.' Madame Hélène trok haar neus in rimpels en een paar rubberhandschoenen aan. 'Kunt u over een uur terugkomen?'

Ik kocht een vlooienband, en pakte een biertje in

het café in Robion, ondertussen mijn best doende me te verzoenen met het vooruitzicht van gezinsuitbreiding. Natuurlijk bestond er nog altijd de kans dat de vorige eigenaar van de hond gevonden werd, en dan had ik nog maar twee honden, plus een radeloze vrouw. Hoe dan ook, de keus was toch niet aan mij. Als er een engelbewaarder voor honden bestond, zou die het pleit beslechten. Ik hoopte maar dat de zaak zijn aandacht had.

Toen ik hem kwam ophalen lag de hond aan een boom in Madame Hélènes tuin vastgebonden, en kronkelde zich in duizend bochten van vreugde toen ik het hek doorkwam. Zijn vacht was teruggebracht tot een stoppelveldje, waardoor zijn kop nog groter leek en zijn botten nog meer uitstaken. Het enige onderdeel van zijn anatomie dat aan een ingrijpende snoeibeurt ontsnapt was was zijn staartstompje, waarvan de sikachtige franje tot een soort pompon was geknipt. Hij zag er mesjokke en bizar uit, net een kindertekening van een hond, waarbij de poten stokjes zijn, maar nu rook hij tenminste schoon.

Hij vond het prachtig weer in de auto te zitten, en zat fier rechtop op zijn stoel, waarbij hij zich van tijd tot tijd naar me toe boog voor een voorzichtig knabbeltje aan mijn pols onder het maken van kleine neuriegeluidjes die ik als een blijk van tevredenheid interpreteerde.

In werkelijkheid moeten ze een uiting van honger zijn geweest, want thuis stortte hij zich op de maaltijd die al op hem te wachten stond, en toen de bak leeg was zette hij er een poot op om hem stil te houden terwijl hij probeerde het emaille er af te likken. Mijn

vrouw sloeg hem gade met de uitdrukking op haar gezicht die de meeste vrouwen voor brave en intelligente
kinderen bewaren. Ik gordde me geestelijk aan voor
de strijd en zei dat we er maar eens over moesten gaan
nadenken hoe we zijn eigenaar konden vinden.

De discussie zette zich tijdens de maaltijd voort, terwijl de hond luid snurkend onder de tafel aan mijn
vrouws voeten lag te slapen. We kwamen overeen dat
hij de nacht maar in het buitengebouwtje moest doorbrengen, met de deur open zodat hij weg kon als hij
dat wilde. Als hij er 's morgens nog was zouden we de
enige andere bezitter van een Korthals die we in de
streek kenden opbellen om zijn advies te vragen.

Mijn vrouw was op bij het krieken van de dag, en
kort daarna werd ik gewekt door een harig gezicht dat
in het mijne werd geduwd; de hond was nog steeds in
ons midden. Het werd al gauw duidelijk dat hij van
plan was om te blijven, en dat hij precies wist hoe hij
ons ervan ging overtuigen dat een leven zonder hem
van nu af aan ondenkbaar was. Het was een schaam-
teloze vleier. Eén blik van ons volstond om zijn hele
bottige lijf te doen beven van verzaliging, een goed-
keurend klopje op zijn kop bracht hem in extase. Ik
wist dat we op deze manier binnen twee of drie dagen
verloren zouden zijn. Met gemengde gevoelens belde
ik Monsieur Grégoire op, de man die we eens samen
met zijn Korthals in Apt tegen het lijf waren gelopen.

Hij en zijn vrouw kwamen de volgende dag over om
onze logé te bekijken. Monsieur Grégoire keek in zijn
oren om te zien of hij was voorzien van het getatoeëerde nummer waarmee rashonden in geval van weglo-
pen geïdentificeerd kunnen worden. Alle welmenende

eigenaars laten dat doen, zei hij. De nummers zitten opgeslagen in een computer in Parijs, en als je een getatoeëerde hond vindt brengt het Centraal Bureau je in contact met de eigenaar.

Monsieur Grégoire schudde zijn hoofd. Geen nummer. '*Alors*,' zei hij, 'hij is niet *tatoué*, en hij heeft niet behoorlijk te eten gekregen. Ik denk dat ze hem hebben afgedankt – waarschijnlijk een te groot gegroeid kerstcadeautje. Dat gebeurt vaak. Hij zal bij u beter af zijn.' De hond wapperde met zijn oren en kwispelde krachtig met al zijn onderdelen. Hem zou je niet horen tegenspreken.

'*Comme il est beau*,' zei Madame Grégoire, en kwam toen met de suggestie die de hondenpopulatie in ons huis gemakkelijk in de dubbele cijfers had kunnen brengen. Wat vonden we, vroeg ze, van een huwelijk tussen de vondeling en hun jonge teefje?

Ik wist wel wat één van ons ervan vond, maar de beide vrouwen waren het hele romantische gebeuren al aan het plannen.

'Dan moeten jullie naar ons toe komen,' zei Madame Grégoire, 'en dan kunnen wij champagne drinken terwijl die twee...' Ze zocht een bevredigend kiese omschrijving, '...buiten zijn.'

Gelukkig was haar man praktischer van inslag. 'We moeten toch eerst zien,' zei hij, 'of ze elkaar wel mogen. En dan zullen ze misschien...' Hij bekeek de hond met het keurend oog van een aanstaande schoonvader. De hond legde een zware voorpoot op zijn knie. Madame maakte vertederde geluidjes. Als ik ooit een *fait accompli* gezien heb was dit er wel een.

'Maar we zijn nog iets vergeten,' zei Madame na

een tweede ronde kirgeluidjes. 'Hoe moet hij heten?
Een of andere heldennaam zou wel bij hem passen,
nietwaar? Met die kop.' Ze klopte de hond op zijn
schedel, en hij draaide zijn ogen naar haar omhoog.
'Zoiets als Victor of Achilles.'

De hond liet zich op zijn rug rollen met zijn poten
in de lucht. Zelfs met de grootste verbeeldingskracht
was er niets heldhaftigs aan hem te ontdekken, maar
hij was zeer duidelijk een mannetje, en we besloten
stante pede hoe hij heten moest.

'We dachten hem maar Boy te noemen. *Ça veut dire
garçon en Anglais.*'

'Boy? *Oui, c'est génial,*' zei Madame. Dus heette hij
Boy.

We maakten een afspraak om over twee of drie weken met hem langs te komen om kennis te maken met
zijn fiancée, zoals Madame haar noemde, nadat hij
eerst nog ingeënt, getatoeëerd, behoorlijk gevoed en
in algemene zin tot een zo presentabel mogelijke hu-
welijkskandidaat was gemaakt. Tussen zijn bezoekjes
aan de dierenarts en zijn gigantische maaltijden door
besteedde hij zijn tijd aan het zich inlikken in de huis-
houding. Elke ochtend zat hij voor de deur van de binnenplaats te wachten, piepend van opwinding bij de
gedachte aan de komende dag, en de eerste pols grij-
pend die binnen zijn bereik kwam. Binnen een week
was hij van een deken in het bijgebouwtje bevorderd
naar een mand op de binnenplaats. Binnen tien dagen
sliep hij in huis, onder de eettafel. Onze twee teven
maakten ruim baan voor hem. Mijn vrouw kocht tennisballen voor hem om mee te spelen, die hij opat. Hij
zat achter hagedissen aan, en ontdekte hoe heerlijk

koel je op de treden van de zwembadtrap zat. Hij was in de hondenhemel.

De dag voor hetgeen Madame Grégoire als het *rendez vous d'amour* beschreef diende zich aan, en we reden naar het spectaculair mooie glooiende heuvelland boven Saignon waar monsieur Grégoire een oud stenen stallenblok had omgebouwd tot een langgerekt, laag huis met uitzicht over de vallei en heel in de verte het dorpje St. Martin-de-Castillon.

Boy was aangekomen en had een dikkere vacht gekregen, maar zijn omgangsvormen lieten nog steeds te wensen over. Hij sprong uit de auto en hief zijn poot tegen een pas geplant boompje, en ploegde met zijn achterpoten een stuk kersvers gazon om. Madame vond hem allerliefst. Monsieur leek het niet zo zeker te weten; ik zag hem kritische blikken op Boy werpen. Hun teef negeerde hem en concentreerde zich volledig op het leggen van hinderlagen voor onze andere twee honden. Boy beklom een heuveltje achteraan bij het huis en sprong op het dak. We gingen naar binnen voor thee en in *eau-de-vie* gemarineerde kersen.

'Hij ziet er goed uit, Boy,' zei Monsieur Grégoire.

'*Magnifique*,' zei Madame.

'*Oui, mais....*' Er was iets wat Monsieur niet lekker zat. Hij stond op en pakte een tijdschrift. Het was het laatste nummer van het officiële orgaan van de Club Korthals de France, waarin bladzij na bladzij foto's stonden van honden in de voorgeschreven houding bij het 'staan', honden met een vogel in de bek, zwemmende honden, gehoorzaam naast hun bazen zittende honden.

'*Vous voyez*,' zei Monsieur, 'al deze honden hebben

de klassieke vacht, de *poil dur*. Het is een kenmerk van het ras.'

Ik keek naar de foto's. De honden hadden allemaal een vlakliggende, ruige vacht. Ik keek naar Boy, die nu met zijn grote bruine neus tegen het raam gedrukt stond. Zijn pels was na het trimmen uitgegroeid tot een massa grijze en bruine krulletjes die wij hem wel iets gedistingeerds vonden geven. Niet aldus Monsieur Grégoire.

'Helaas,' zei hij, 'is hij op een *mouton* gaan lijken. Tot aan zijn schouders is hij een Korthals; voor de rest is hij een schaap. Het spijt me verschrikkelijk, maar dit zou een *mésalliance* zijn.'

Mijn vrouw verslikte zich bijna in haar kers. Madame keek pijnlijk getroffen. Monsieur putte zich uit in verontschuldigingen. Mijn opluchting was groot. Twee honden en een schaap waren voorlopig wel voldoende.

Voor zover we weten is Boy nog steeds vrijgezel.

– 4 –
Napoleons in de tuin

aast één kant van het zwembad hadden onze bouwvakkers een tot een langgerekte lage berg opgehoopte verzameling souvenirs van hun werk aan ons huis achtergelaten. Bouwpuin en gebarsten flagstones, oude lichtknoppen en kaalgekauwde bedrading, bierflesjes en kapotte tegels. De afspraak was dat Didier en Claude nog een keer met een leeg vrachtwagentje terug zouden komen om de rommel weg te halen. Dan zou dat stukje grond er weer *impeccable* uitzien, en konden we de rij rozestruiken neerzetten die we daar wilden hebben.

Maar op de een of andere manier was het vrachtwagentje nooit leeg, of Claude had een teen gebroken, of Didier was druk met het slopen van een of andere ver afgelegen ruïne in de Basses Alpes, en de souvenirstapel bleef waar hij was, achter bij het zwembad. Na verloop van tijd begon hij er best wel leuk uit te zien, een soort informele rotstuin waarvan de contouren verzacht werden door een flinke laag onkruid doorspikkeld met papavers. Ik zei tegen mijn vrouw dat het geheel toch een zekere onbedoelde charme bezat. Ze liet zich niet ompraten. Volgens de algemeen geldende opvattingen waren rozen leuker om te zien

dan bouwpuin en bierflessen, zei ze. Ik begon de berg
op te ruimen.

In feite vind ik fysieke arbeid heel prettig, de ritmi-
sche bewegingen ervan en de voldoening orde te zien
ontstaan in een verwaarloosde puinhoop. Na een
tweetal weken bereikte ik de kale grond en trok me in
triomf met mijn blaren van het slagveld terug. Mijn
vrouw was zeer verheugd. Nu hoeven we alleen nog
maar twee diepe geulen en vijftig kilo mest te hebben,
zei ze, en dan kunnen we planten. Zij ging met rozen-
catalogi in de weer, en ik plakte pleisters over mijn blaren en kocht een houweel.

Ik had ongeveer drie meter harde ingeklonken aarde losgewerkt toen ik tussen de onkruidwortels iets
vuilgeels zag schemeren. Een of andere reeds lang ver-
scheiden boer had zeker vele jaren geleden op een hete middag een *pastis*fles weggegooid. Maar toen ik de
aarde van het ding veegde was het geen sjieke flesse-
dop, het was een munt. Ik spoelde hem onder de
tuinslang af, en hij glansde goudgeel in de zon; de wa-
terdruppeltjes gleden weg over het profiel van een
man met een baard.

Het was een munt van twintig franc, uit het jaar
1857. Op de ene kant stond het hoofd van Napoleon
III met zijn keurige sikje, met zijn sociale positie – *Em-
pereur* – in een bombastisch lettertype tegenover zijn
naam aangebracht. Aan de rugzijde een laurierkrans
met daarboven in nog meer protserige letters *Empire
Français*. Op de rand van de munt stond de troostrijke
uitspraak waarvan elke Fransman diep de waarheid
beseft: *Dieu protège la France*.

Mijn vrouw was al even opgewonden als ik. 'Misschien liggen er nog meer,' zei ze. 'Blijf graven.'

Tien minuten later vond ik een tweede munt, opnieuw eentje van twintig franc. Deze was 1869 geda-
teerd, en de tussenliggende jaren hadden Napoleons
profiel alleen in zoverre gewijzigd dat er nu een krans
om zijn hoofd was uitgelopen. Staand in het gat dat ik
gemaakt had voerde ik enkele ruwe berekeningen uit.
Ik had nog twintig meter geul te graven. Bij het huidig
tempo van een gouden munt per meter zouden we
een broekzak vol Napoleons bij elkaar kunnen krijgen,
en misschien zelfs wel een lunch bij de Beaumanière in
Les Baux kunnen bekostigen. Ik hakte er met mijn
houweel op los tot mijn handen rauw waren, steeds
dieper de grond in, en steeds tussen de zweetdruppels
door uitkijkend naar een volgende knipoog van Napoleon.

Ik sloot de dag niet rijker af, maar wel met een gat
dat diep genoeg was om een tot volle wasdom uitge-
groeide boom in te planten, plus de overtuiging dat er
morgen wel meer begraven kostbaarheden boven de
grond zouden komen. Niemand begroef een miezerige twee munten. Deze waren duidelijk gemorst uit de
puilende zak die nog steeds ergens binnen houweelbe-
reik moest liggen, een compleet fortuin voor de
naarstige tuinier.

Om de grootte van dat fortuin te kunnen schatten
raadpleegden wij de financiële bijlage van *Le Provençal.*
In een land waar men van oudsher zijn spaargeld in de
vorm van gouden munten onder de matras bewaart,
zou er vast wel ergens een lijst van de huidige koersen
in de krant staan. En ja hoor, daar stond het, tussen de
baar goud van 1 kilo en de Mexicaanse munt van 50

peso: de Napoleons van 20 franc waren nu 396 franc waard, en misschien nog meer als het profiel van de oude baas in puntgave staat verkeerde.

Nooit is een houweel met meer enthousiasme ter hand genomen, en dat moest onvermijdelijk Faustins aandacht wel trekken. Onderweg om slag te gaan leveren met de schimmel die naar zijn overtuiging op het punt stond de aanval op de wijnstokken te openen, bleef hij staan en vroeg wat ik uitvoerde. Ik plant rozen, zei ik.

'*Ah bon?* Dat moeten wel grote rozen zijn, met zo'n geweldig plantgat. Rozebomen misschien? Uit Engeland? Rozen willen hier niet erg. Overal *tache noire*.'

Hij schudde zijn hoofd, en ik zag al dat hij zijn pessimistische wijsheden over me uit ging storten. Faustin staat met elke mogelijke natuurramp op vertrouwelijke voet, en hij zal iedereen die dwaas genoeg is om er het beste van te hopen graag in zijn uitgebreide kennis laten delen. Om hem op te vrolijken vertelde ik hem van de gouden Napoleons.

Hij hurkte bij de inmiddels ontstane loopgraaf neer en duwde zijn met antischimmelspray blauw bespikkelde pet naar achteren, zodat hij het nieuws zijn volledige aandacht kon geven.

'*Normalement*,' zei hij, 'wil het als je ergens twee Napoleons vindt zeggen dat er nog andere moeten liggen. Maar dit is geen goede plek om ze te verstoppen.' Hij wuifde met zijn grote bruine klauwen in de richting van het huis. 'De put zou veel veiliger zijn. Of achter een *cheminée*.'

Ik zei dat ze misschien in grote haast verborgen waren. Faustin schudde opnieuw het hoofd, en het werd me duidelijk dat haast voor hem geen aanvaardbaar intellectueel begrip was, vooral niet in verband met het verbergen van zakken goud.

'*Zo pressé* is een boer nooit. Niet met Napoleons. Ze zijn hier gewoon per ongeluk op de grond gevallen.'

Ik zei dat het voor mij geen ongeluk was, en met die deprimerende gedachte ging hij maar weer verder, kijken of hij in de wijngaard nog een catastrofe of wat ontdekken kon.

De dagen gingen voorbij. Ik kreeg een prachtige blarenkweek op mijn handen. De geul werd langer en dieper. Het totaalaantal Napoleons bleef staan op twee. En toch leek het zo onlogisch. Geen enkele boer zou met gouden munten in zijn zak op de velden gaan werken. Er lag daar ergens een *cache*, ik wist het zeker, binnen een omtrek van enkele meters vanwaar ik stond.

Ik besloot advies te gaan vragen bij de zichzelf noemende allesweter van de vallei, de man voor wie de Provence geen geheimen inhield, de wijze, immer omkoopbare en van de wieg af doortrapte Massot. Als iemand alleen door de wind op te snuiven en op de grond te spuwen kon raden waar een sluw oud boertje zijn appeltje voor de dorst begraven had, was het Massot.

Ik liep door het bos naar zijn huis, en hoorde zijn honden vol gefrustreerde bloeddorst tekeergaan toen ze mijn lucht opvingen. Op een dag, wist ik, zouden ze zich van hun ketting losrukken en elk levend schepsel in de vallei verscheuren; ik hoopte dat hij zijn huis verkocht voordat het zover was.

Massot kwam op me toegeslenterd door hetgeen hij

graag zijn voortuin noemde, een stuk kale, vastgelopen grond, opgesierd met hondenuitwerpselen en polletjes standvastig onkruid. Hij keek naar me op met zijn ogen toegeknepen tegen de zon en de rook van zijn dikke gele sigaret, en knorde.

'*On se promène?*'

Nee, zei ik. Vandaag kwam ik speciaal zijn raad vragen. Hij knorde opnieuw en trapte zijn honden tot zwijgen. We bleven ieder aan een kant staan van de roestige ketting die zijn stuk land van het bospad scheidde, zo dicht bij elkaar dat ik de adellijke geur van knoflook en zwarte tabak die hij uitwasemde kon ruiken. Ik vertelde hem over de twee muntstukken, en hij trok de sigaret van zijn onderlip los en bekeek de vochtige peuk terwijl zijn honden binnensmonds grauwend aan hun ketenen heen en weer draafden.

Hij vond onderdak voor zijn sigaret, onder het ene uiteinde van zijn vlekkerige snor, en boog zich naar me toe.

'Wie heeft u hier allemaal van verteld?' Hij keek over mijn schouder alsof hij er zich van wilde vergewissen dat wij alleen waren.

'Mijn vrouw. En Faustin. Verder niemand.'

'U moet er ook verder aan niemand iets van vertellen,' zei hij, met een groezelige vinger tegen de zijkant van zijn neus tikkend. 'Er kunnen best nog meer munten liggen. Dit moet *entre nous* blijven.'

We liepen terug over het pad zodat Massot kon zien waar de twee munten gelegen hadden, en hij gaf me zijn verklaring voor de nationale hartstocht voor goud. Het kwam allemaal door de politici, zei hij, al vanaf de Revolutie. Daarna waren er keizers geweest,

oorlogen, talloze presidenten – voornamelijk boeven,
zei hij, ten overvloede op de grond spuwend – en de-
valuaties waardoor honderd franc van de ene dag op
de andere in honderd centimes konden veranderen.
Geen wonder dat de eenvoudige plattelander geen
vertrouwen had in de door die *salauds* in Parijs gedrukte vodjes papier. Maar goud! Massot stak zijn handen
voor zich uit en wriemelde met zijn vingers in een
denkbeeldige berg Napoleons – goud was altijd goed,
en in woelige tijden nog beter dan anders. En het beste
goud dat je hebben kon was het goud van een dode,
omdat doden geen problemen maken. Treffen we dat
even, zei Massot, dat we zo'n ongecompliceerd bui-
tenkansje in de schoot geworpen krijgen. Het leek erop dat ik een vennoot gekregen had.

We stapten in de geul en Massot keek aan zijn snor
plukkend om zich heen. De grond eromheen was
vlak; voor een gedeelte was ze met lavendel beplant,
voor een gedeelte bedekt met gras. Er was nergens een
voor de hand liggend plekje om iets te verstoppen, wat
Massot als een bemoedigend teken opvatte; een voor
de hand liggende plek zou al vijftig jaar geleden ontdekt zijn, en 'ons' goud weggehaald. Hij klom de loopgraaf uit en mat met lange passen de afstand naar de
put, en liet zich toen op het natuurstenen muurtje
neer.

'Het zou hier overal kunnen liggen,' zei hij, en zijn
armzwaai besloeg zo'n vijftig vierkante meter grond.
Dat kunt u '*évidemment* niet allemaal omspitten'. Ons
compagnonschap omvatte duidelijk niet het gezamenlijk verrichten van de noodzakelijke lichamelijke arbeid. 'Wat we nodig hebben is een *machin* voor het

opsporen van metaal.' Hij veranderde zijn arm in een metaaldetector en bewoog die in wijde vegen over het gras onder het maken van klikkende geluiden. '*Beh oui.* Daarmee vinden we het wel.'

'*Alors, qu'est-ce qu'on fait?*' Massot maakte het internationale gebaar voor geld door zijn vingers en duim tegen elkaar te wrijven. Het was tijd voor een zakelijk onderhoud.

We kwamen overeen dat ik mijn graafwerk aan de geul af zou maken, en dat Massot de hogere technologische aspecten zou verzorgen door een metaaldetector te huren. Nu moest alleen nog maar de financiële kant van het partnerschap worden geregeld. Ik verklaarde dat tien procent me wel een redelijke beloning leek voor wat weinig inspanning vereisend werk met een metaaldetector; Massot daarentegen zei dat vijftig procent in zijn ogen meer in de buurt kwam. Daar had je al de rit naar Cavaillon om de metaaldetector op te halen, en dan het graven dat er zou moeten gebeuren als we op goud stuitten, én, het belangrijkst van alles, de geruststellende wetenschap dat ik een volledig betrouwbare partner had die de bijzonderheden van onze nieuwe rijkdom niet in de hele buurt rond zou kakelen. Alles, zo zei Massot, moest binnenskamers blijven.

Ik keek naar hem zoals hij daar stond te glimlachen en te knikken en dacht bij mezelf dat je je moeilijk een onbetrouwbaardere oude boef aan deze kant van de tralies van de gevangenis van Marseille kon voorstellen. Twintig procent, zei ik. Hij keek pijnlijk getroffen, zuchtte, beschuldigde me ervan een *grippe-sous* te zijn, en nam genoegen met vijfentwintig procent. We bezegelden de zaak met een handdruk, en hij spoog nog even in de geul voor hij vertrok, om zegen over mijn inspanningen af te roepen.

Daarna zag of hoorde ik ettelijke dagen niets meer van hem. Ik voltooide de geul, stortte mest, en bestelde de rozen. De man die ze bezorgde vertelde dat ik veel te diep gegaan was met graven en vroeg me waarom, maar ik hield de reden binnenskamers.

Er heerst in de Provence een algemene afkeer van alles wat op enige planning van de sociale contacten lijkt. De Provençaal geeft er de voorkeur aan je met een bezoekje te verrassen, in plaats van eerst op te bellen om zich ervan te verzekeren dat je niet iets anders te doen hebt. Hij verwacht dat je bij zijn komst tijd hebt voor de gezelligheid van een drankje en een algemeen babbeltje alvorens hij het doel van zijn bezoek aan hoeft te snijden, en als je zegt dat je weg moet wekt dat bevreemding. Waarom zo'n haast? Wat is nu een half uurtje. Je komt alleen maar wat later, en dat is doodgewoon.

Het was al tegen de schemer, die tijd van de dag *entre chien et loup*, toen we een bestelautootje rammelend buiten het huis tot stilstand hoorden komen. We zouden bij vrienden in Goult gaan eten, en dus ging ik naar buiten om de bezoeker de pas af te snijden voordat hij de bar bereikte en niet meer van zijn kruk te beitelen zou zijn.

De achterdeuren van de bestelwagen stonden wijd open, en het ding schudde heftig heen en weer. Er klonk een bons toen er iets op de vloer viel, gevolgd door een vloek. *Putaing!* Het was mijn compagnon die stond te worstelen met een houweel dat in de metalen tralies van het hondencompartiment achter de stoel van de chauffeur was blijven steken. Het houweel werd met een laatste stuiptrekking losgerukt en daar vloog Massot achterwaarts te voorschijn, met iets meer vaart dan hij van plan was geweest.

Hij droeg een broek in camouflagekleuren, een vaalbruine sweater en een junglegroene legerveldpet, die alle hun eerste jeugd al ver achter zich hadden liggen. Hij zag eruit als een slechtbetaalde huursoldaat, zoals hij daar zijn gereedschappen uitlaadde en op de grond legde: een houweel, een langstelige metselaarsbats, en een in oude zakken gewikkeld voorwerp. Met een blik om zich heen of er niemand keek verwijderde hij de zakken en hield de metaaldetector omhoog.

'*Voilà!* Dit is *haut de gamme*, het neusje van de zalm. Hij werkt tot op drie meter diepte.'

Hij zette het apparaat aan en bewoog het over zijn andere spullen. En inderdaad, het ontdekte een bats en een houweel en ratelde er op los als een geschrokken kunstgebit. Massot was opgetogen. '*Vous voyez?* Als hij metaal vindt gaat hij praten. Beter dan graven, huh?'

Ik zei dat ik zeer onder de indruk was, en dat ik de detector veilig in huis op zou bergen tot morgen.

'Morgen?' zei Massot. 'Maar we moeten nu meteen beginnen.'

Ik zei dat het over een half uur donker zou zijn, en Massot knikte geduldig, alsof ik eindelijk een heel ingewikkelde theorie begrepen had.

'Precies!' Hij zette de metaaldetector neer en pakte mijn arm. 'We willen toch niet dat iedereen komt kijken wat we doen, of wel soms? Dit soort werk kun je

het beste 's nachts doen. Zo is het meer *discret. Allez!*
Neemt u de rest maar mee.'

Er is nog een klein probleem, zei ik. Mijn vrouw en
ik gaan uit.

Massot bleef met een ruk staan en staarde me aan,
waarbij zijn wenkbrauwen in opperste verbijstering
tot maximale hoogte hemelwaarts vlogen.

'Uit? Vanavond? *Nu?*'

Mijn vrouw riep vanuit het huis. We waren al laat.
Massot haalde zijn schouders op over onze zonderlin-
ge dagindeling, maar hield vol dat het toch vanavond
gebeuren moest. Hij zou het dus allemaal zelf moeten
doen, zei hij op klaaglijke toon. Kon ik hem een zaklamp lenen? Ik liet hem zien hoe hij de schijnwerper
achter de put aan kon doen, en hij stelde die zo bij dat
hij het gedeelte rond het rozenperk bescheen, voortdurend in zichzelf mopperend dat hij *tout seul* gelaten
werd.

Halverwege de oprit bleven we nog even staan en
keken achterom naar waar Massots langgerekte schaduw zich tussen de in de lichtbundel van de schijnwerper badende bomen door bewoog. Het tikken van de
metaaldetector was in de stille avond luid en duidelijk
te horen, en ik had sombere vermoedens over het geheim blijven van de operatie. We hadden net zo goed
een bord bij het begin van de oprit kunnen zetten, met
daarop MAN OP ZOEK NAAR GOUD.

Tijdens het diner vertelden we onze vrienden over de
jacht op de schat die er min of meer onder dekking
van het duister aan de gang was. De mannelijke helft
van het echtpaar, die in de Lubéron geboren en geto-

gen was, zag de zaak niet optimistisch in. Hij vertelde ons dat metaaldetectoren toen ze pas op de markt waren populairder onder de boeren waren geweest dan jachthonden. Het was waar dat er hier en daar wat goud gevonden was. Maar nu was, naar hij zei, het gebied wel zo grondig uitgekamd dat Massot geluk had als hij een oud hoefijzer vond.

Niettemin kon hij het bestaan van onze twee Napoleons niet ontkennen. Daar lagen ze, vlak voor hem op tafel. Hij pakte ze op en liet ze rinkelen in zijn hand. Wie zou het weten? Misschien hadden we wel geluk. Of misschien had Massot geluk en zouden we daar nooit iets over te weten komen. Was hij iemand die je vertrouwen kon? Mijn vrouw en ik keken elkaar aan en besloten dat het tijd was om te vertrekken.

Het was net na twaalven toen we thuiskwamen, en Massots bestelwagentje was verdwenen. De schijnwerper was uitgedaan, maar er was voldoende maanlicht om links en rechts grote bergen aarde verspreid te zien liggen over hetgeen wij als gazon bedoeld hadden. We besloten de volle omvang van de schade maar in de ochtend vast te stellen.

Het was alsof er een door claustrofobie door het dolle heen geraakte reuzemol om de haverklap voor frisse lucht boven gekomen was en daarbij hele happen metaal had uitgespuwd. Er lagen spijkers, stukken ijzeren band van een karrewiel, een oeroude schroevedraaier, een halve sikkel, een sleutel als voor een kerkerdeur, een roodkoperen kogelhuls, bouten, flessedoppen, de uit elkaar vallende restanten van een schoffel, messen zonder heft, een zeef zonder handvat, vogelnestjes van pakdraad, niet thuis te brengen klompen roest. Er lag van alles maar geen goud.

De meeste van de pas geplante rozestruiken hadden het overleefd, en het lavendelbed was onbeschadigd. Massots enthousiasme was zeker op een bepaald moment getaand.

Ik liet hem tot 's middags slapen voor ik maar eens ging horen hoe hij de vorige avond gevaren was. Lang voordat ik bij zijn huis was hoorde ik de metaaldetector al, en ik moest twee keer schreeuwen om hem op te doen kijken van de met braamstruiken overgroeide heuvel die hij stond af te zoeken. Hij ontblootte zijn vreselijke tanden bij wijze van welkomstgroet. Ik was verbaasd hem zo opgewekt te zien. Misschien had hij toch iets gevonden.

'*Salut!*' Hij legde de metaaldetector over zijn schouder alsof het een geweer was en waadde door het struikgewas naar me toe, nog steeds glimlachend. Ik zei dat hij eruitzag als iemand die een mazzeltje had gehad.

Nog niet, zei hij. Hij had de vorige avond moeten ophouden omdat mijn buren naar hem hadden staan schreeuwen dat ze last hadden van het lawaai. Ik begreep het niet. Hun huis staat 250 meter van de plek waar hij aan het werk was geweest. Wat had hij dan gedaan dat ze niet konden slapen?

'*Pas moi*,' zei hij. '*Lui*,' en hij klopte op de metaaldetector. 'Overal waar ik heenliep vond hij iets: en dan *tak tak tak tak tak*.'

Maar geen goud, zei ik.

Massot boog zich zo dicht naar me toe dat ik één gruwelijk ogenblik dacht dat hij me ging kussen. Zijn neusvleugels trilden, en zijn stem daalde tot een pie-

pend gefluister. 'Ik weet waar het ligt.' Hij stapte achteruit en haalde diep adem. '*Beh oui.* Ik weet waar het
ligt.'

Ofschoon we in het bos stonden, en het dichtstbijzijnde menselijk wezen zich op minstens een kilometer
afstand bevond, was Massots angst te worden afge-
luisterd aanstekelijk, en ik bemerkte dat ik eveneens
fluisterde.

'Waar ligt het dan?'

'Achteraan bij de *piscine.*'

'Onder de rozen?'

'Onder de *dallage.*'

'Onder de *dallage*?'

'*Oui. C'est certaing.* Op het hoofd van mijn grootmoe-
der.'

Dit was niet het onverdeeld goede nieuws waarvoor
Massot het kennelijk aanzag. De *dallage* om het zwembad bestond uit flagstones van meer dan zeven centimeter dik. Ze lagen op een bed van gewapend beton
dat even diep was als de flagstones dik. Er zou een slo-
persploeg aan te pas moeten komen voor we zelfs
maar bij de aarde eronder zouden kunnen. Massot
voelde aan wat me door het hoofd ging, en legde de
metaaldetector neer zodat hij met allebei zijn handen
kon praten.

'In Cavaillon,' zei hij, 'kun je een *marteau-piqueur* huren. Die gaat overal doorheen. *Paf!*'

Daar had hij helemaal gelijk in. Een miniatuurdril-
boor zou inderdaad in een mum van tijd door de
flagstones plus het gewapend beton heen gaan, evenals door de waterbuizen naar het zwembad toe en de
elektrische kabels van de filterpomp. *Paf!* En misschien

zelfs *Boum!* En als de stofwolken dan waren opgetrokken konden we heel gemakkelijk nog niets meer dan het zoveelste sikkelblad voor onze verzameling gevonden hebben. Ik zei nee. Met innige spijt, maar nee.

Massot nam mijn besluit goed op, en was blij met de fles *pastis* die ik hem voor zijn moeite gaf. Maar van tijd tot tijd zie ik hem op het pad achter het huis staan neerkijken op het zwembad, nadenkend zuigend op zijn snor. God weet wat hij op een dronken avond zou kunnen doen als iemand hem ooit een *marteau-piqueur* voor Kerstmis gaf.

Les Invalides

Ik was naar een apotheek in Apt geweest voor tandpasta en zonnebrandolie, twee onschuldige en volstrekt gezonde aankopen. Toen ik thuiskwam en ze uit de tas haalde, ontdekte ik dat het meisje dat me geholpen had er een leerzaam maar bevreemdend cadeautje bij had gedaan. Het was een duur gedrukte brochure, volledig in kleur. Voorop stond een plaatje van een slak die op het toilet zat. Hij keek treurig, alsof hij daar al enige tijd had doorgebracht zonder iets te presteren wat de moeite waard was. Zijn hoorntjes hingen slap terneer. Aan zijn oogjes ontbrak iedere glans. En boven dit droevig prentje stond *La Constipation*.

Wat had ik gedaan om dit te verdienen? Zag ik er geconstipeerd uit? Of was mijn aankoop van tandpasta en zonnebrandolie op de een of andere wijze in het deskundig oog van de assistente beladen met betekenis – vormden ze een aanwijzing dat met mijn spijsvertering niet alles in orde was? Misschien wist het meisje iets wat ik niet wist. Ik begon de folder te lezen.

'Niets,' stond erin, 'is zo gewoon en algemeen als verstopping.' Volgens de beweringen van de schrijver leed ongeveer twintig procent van de Franse bevolking aan het ongerief van *ballonnement* en *gêne abdomina-*

le. Maar toch waren er voor oppervlakkige toeschouwers zoals ikzelf geen tekenen van ongerief bij de mensen op straat, in de bars en cafés waar te nemen, noch zelfs in de restaurants, waar naar we mochten aannemen twintig procent van de clientèle twee stevige maaltijden per dag wegstopte, ondanks hun *ballonnement*. Welk een onverschrokkenheid bij zoveel rampspoed!

Ik had de Provence altijd als een van de gezondste oorden ter wereld beschouwd. De lucht is er schoon, het klimaat is er droog, vers fruit en groente zijn er in overvloed te krijgen, men kookt er met olijfolie, stress schijnt er niet te bestaan – een gezondere combinatie van omstandigheden zou nauwelijks mogelijk zijn. En iedereen ziet er ook heel goed uit. Maar als echter twintig procent van die blozende gezichten en een gezonde eetlust uitstralende verschijningen het lijden verborg dat veroorzaakt werd door een verkeersopstopping in de *transit intestinal*, wat zou er dan nog meer achter schuil kunnen gaan? Ik besloot eens wat nauwkeuriger op gezondheidsklachten en geneeswijzen in de Provence te letten, en ging geleidelijk aan inzien dat er inderdaad een plaatselijke kwaal bestaat, die zich naar ik vermoed over het hele land uitstrekt. Die kwaal heet hypochondrie.

Een Fransman voelt zich nooit zomaar niet zo lekker; hij heeft een *crise*. De populairste *crise* is een *crise de foie*, wanneer de lever dan toch ten langen leste in opstand komt tegen de teisteringen van *pastis*, uit vijf gangen bestaande maaltijden, plenzen *marc* en de *vin d'honneur* die bij elke gelegenheid geserveerd wordt, vanaf de opening van een autoshowroom tot de jaarvergadering van de communistische partij in het dorp. De simpele remedie hiervoor is geen alcohol en flinke hoeveelheden mineraalwater, maar een veel bevredigender antwoord op de kwaal – omdat dit het idee van ziekte benadrukt in plaats van dat van onmatigheid – is een tocht naar de apotheker/drogist en een consult bij de begrijpende witgejaste dame achter de toonbank.

Ik vroeg me altijd al af waarom in de meeste apotheken stoelen staan opgesteld tussen de breukbanden en de behandelingssetjes tegen *cellulite*, en nu weet ik de reden. Het is om je het wachten aangenamer te maken terwijl Monsieur Machin uitvoerig uiteenzet, tot in het kleinste gefluisterde detail toe en met veel gewrijf over de ontstoken keel, de gevoelige nieren, de onwillige ingewanden of wat het ook mag zijn dat hem klachten bezorgt, hoe hij in deze toestand is geraakt. De apotheker, die een opleiding in het oefenen van geduld en in het stellen van diagnoses heeft gehad, luistert oplettend, stelt een paar vragen, en suggereert dan een aantal mogelijke remedies. Pakjes en potjes en ampullen worden te voorschijn gehaald. Nog meer overleg. Ten slotte wordt een keuze gemaakt, en Monsieur Machin vouwt nauwgezet die o zo belangrijke stukjes papier op waardoor hij de kosten van zijn geneesmiddelen op het ziekenfonds zal kunnen verhalen. Er is een kwartier tot twintig minuten verstreken, en iedereen schuift een stoel op.

Deze tochtjes naar de apotheek zijn alleen voor de robuustere lijders. Voor ernstige ziekte, of ingebeelde ernstige ziekte, bestaat er zelfs in betrekkelijk afgelegen landstreken als de onze een netwerk van eerstehulpspecialisten, dat de bezoekers uit steden waar je miljonair moet zijn om op je gemak ziek te kunnen zijn altijd versteld doet staan. Alle steden, en veel dorpen eveneens, hebben hun eigen ambulancedienst, die vierentwintig uur per dag te bereiken is. Gediplomeerde verpleegsters komen aan huis. *Artsen* komen aan huis, een gewoonte die naar mij verteld is in Londen bijna niet meer bestaat.

Begin vorige zomer kregen we een korte maar hevige proeve van het functioneren van het Franse verzorgingssysteem. Proefkonijn was Benson, een jeugdige Amerikaanse bezoeker die zijn eerste reis naar Europa maakte. Toen ik hem ophaalde op het station van Avignon begroette hij me met schorre stem, hoestte, en drukte haastig zijn zakdoek tegen zijn mond. Ik vroeg hem wat eraan scheelde.

Hij wees naar zijn keel en stootte piepende geluiden uit.

'Mono,' zei hij.

Mono? Ik had geen idee wat dat was, maar ik wist wel dat de Amerikanen veel sjiekere kwalen hebben dan wij: haematomen in plaats van blauwe plekken, migraine in plaats van hoofdpijn, postnatale depressie in plaats van derdedags-huilbui – en dus mompelde ik iets over frisse lucht waar hij wel van zou opknappen en hielp hem in de auto. Tijdens de rit naar huis kwam ik te weten dat mono de familiaire aanduiding was voor mononucleose, een virusinfectie. Een van de symptomen is een pijnlijke keel. 'Alsof er glasscherven in zitten,' zei Benson, weggedoken achter zijn zonnebril en zijn zakdoek. 'We moeten mijn broer in Brooklyn bellen. Die is arts.'

Bij onze thuiskomst bleek onze telefoon niet te werken. We stonden aan het begin van een lang vrij weekend, dus zouden we drie dagen zonder telefoon zitten, normaliter een zegen. Maar we moesten Brooklyn bellen. Er was een bepaald antibioticum, een hypermodern antibioticum, dat naar Benson zei alle bekende vormen van mono zou overwinnen. Ik ging naar de telefooncel bij Les Baumettes en voerde het apparaat vijf francstukken terwijl het ziekenhuis in Brooklyn Bensons broer voor me opscharrelde. Hij gaf me de naam van het wondermiddel. Ik belde een arts en vroeg hem of hij op huisbezoek wilde komen.

Hij arriveerde binnen een uur, en onderzocht de lijder, die in een verduisterde kamer lag te rusten met zijn zonnebril op.

'*Alors, Monsieur...*' begon de dokter, maar Benson sneed hem de pas af.

'Mono,' zei hij naar zijn keel wijzend.

'*Comment?*'

'Mono, man. Mononucleose.'

'*Ah, mononucléose. Peut-être, peut-être.*'

De dokter keek in Bensons lelijk ontstoken keel en maakte een uitstrijkje. Hij wilde het virus in het laboratorium laten bekijken. En wilde Monsieur nu misschien zijn broek laten zakken? Hij nam een injectiespuit ter hand, die Benson achterdochtig over zijn schouder in de gaten hield terwijl hij langzaam zijn Calvin Klein jeans tot halfstok neerliet.

'Zegt u hem dat ik voor de meeste antibiotica allergisch ben. Hij moet met mijn broer in Brooklyn bellen.'

'*Comment?*'

Ik legde het probleem uit. Had de dokter niet toevallig het wondermiddel in zijn tas? *Non.* We keken elkaar om Bensons blote billen heen aan. Ze trilden toen Benson pijnlijk hoestte. De dokter zei dat hij iets moest hebben om de ontsteking af te remmen, en dat er bij deze bepaalde injectie uiterst zelden bijwerkingen optraden. Ik gaf de boodschap aan Benson door.

'Nou... oké dan.' Hij boog zich voorover, en de dokter diende hem met een sierlijke zwaai zijn injectie toe, als een matador die over de horens heen toesteekt. '*Voilà!*'

Terwijl Benson wachtte op allergische reacties die hem tegen de grond zouden doen slaan, deelde de dokter me mee dat hij zou regelen dat er twee keer per dag een verpleegster langs zou komen om de injecties te continueren, en dat de testuitslag zaterdag binnen zou zijn. Zodra hij die had zou hij de noodzakelijke recepten schrijven. Hij wenste ons een *bonne soirée.* Benson onderhield zich luidruchtig met zijn zakdoek. Een *bonne soirée* leek mij onwaarschijnlijk.

De verpleegster kwam en ging, de testuitslag kwam binnen en de dokter verscheen zaterdagavond opnieuw, zoals beloofd. De jonge Monsieur had het goed gehad. Het was *mononucléose,* maar we zouden die met de hulpmiddelen van de Franse geneeskunde overwinnen. De dokter begon papiertjes vol te krabbelen als een dichter in de bronst. Recept na recept vloeide uit zijn pen, en het begon erop te lijken dat ieder beschikbaar hulpmiddel in de strijd geworpen ging worden. Hij overhandigde me een dikke stapel met hiëroglyfen beschreven papiertjes en wenste ons een *bon weekend.* Ook dat leek niet waarschijnlijk.

De zondag van een feestweekend op het platteland van Frankrijk is niet direct de meest geschikte dag om op zoek te gaan naar een apotheek die open is, en kilometers in de omtrek was de enige de *pharmacie de garde* aan de buitenrand van Cavaillon. Ik was er om half negen in de ochtend, en sloot me aan bij een man die een bijna even dikke stapel recepten als die van mij in zijn hand geklemd hield. Samen lazen we het briefje dat met plakband op de glazen deur bevestigd was: de apotheek ging pas om tien uur open. De man zuchtte, en bekeek me van hoofd tot voeten.

'Bent u een dringend geval?'

Nee. Het was voor een vriend.

Hij knikte. Hij had zelf een belangrijke *arthrose* in zijn schouder, en ook een soort kwaadaardige voetschimmel. Hij ging niet anderhalf uur in de zon staan wachten tot de apotheek openging. Hij liet zich naast de deur neer op het trottoir en begon hoofdstuk 1 van zijn recepten te lezen. Ik besloot te gaan ontbijten.

'Komt u wel ruim voor tienen terug,' zei hij. 'Er zullen vandaag veel klanten zijn.'

Hoe wist hij dat? Was een bezoekje aan de apotheek een vast zondagsuitje vóór de lunch? Ik bedankte hem voor zijn advies en negeerde het door in een café de tijd te gaan zitten doden met een oud nummer van *Le Provençal*.

Toen ik net voor tien uur bij de apotheek terugkwam leek het alsof *le tout* Cavaillon zich voor de deur verzameld had. Tientallen mensen stonden er met hun omvangrijke stapels recepten te wachten en wisselden onderhand symptomen uit op de manier waarop een hengelaar een supervis beschrijft. Monsieur

Angine schepte op over zijn keelpijn. Madame *Varices* riposteerde met de geschiedenis van haar spataderen. De zieken, zwakken en misselijken keuvelden er opgewekt op los, af en toe op hun horloge kijkend en steeds dichter op de nog steeds gesloten deur toeschuivend. Ten slotte verscheen er onder een gemompelde begeleiding van *enfin* en *elle arrive*, een meisje uit achter in de apotheek, deed de deur van het slot, en stapte behendig opzij terwijl de kudde naar binnen drong. Niet voor het eerst besefte ik dat de Angelsaksische gewoonte om netjes in de rij te blijven in het Franse leven van alledag geen plaats heeft.

Ik moet er wel een half uur hebben staan wachten voor ik kans zag mijn voordeel te doen met een hapering in de toeloop en de apothekeres mijn documenten te overhandigen. Ze haalde een plastic tasje te voorschijn en begon dat vol te stoppen met doosjes en flesjes, waarbij ze onder het doorwerken van de stapel elk recept met een rubberen stempel bewerkte, een kopie voor haar, een kopie voor mij. Toen het tasje op scheuren stond was er nog één recept over. Na vijf minuten uit het zicht gebleven te zijn bekende de apothekeres me, me niet te kunnen helpen, ze had wat het ook mocht zijn niet meer in voorraad, en ik zou het bij een andere apotheek moeten halen. Maar het was niet erg, want de belangrijke medicijnen had ik allemaal daar in het tasje. Meer dan genoeg, zo kwam het mij voor, om een heel regiment uit de dood te wekken.

Benson zoog en gorgelde en inhaleerde tot hij het hele menu had afgewerkt. De volgende morgen was hij uit de schaduw van het graf getreden en voelde zich voldoende opgeknapt om ons te vergezellen op een tochtje naar de apotheek in Ménerbes, op zoek naar de medicijnen van het laatste recept.

Een van de dorpsoudsten zat er al toen wij binnen-kwamen, hoog op een kruk genesteld terwijl zijn boodschappentas met allerhande tovermiddelen werd volgepropt. Nieuwsgierig wat de buitenlanders voor exotische ziekten konden hebben, bleef hij zitten toen ons recept in behandeling genomen werd en boog zich belangstellend voorover om te zien wat er in het pakje zat dat op de toonbank werd gelegd.

De apothekeres maakte het open en haalde er een in folie verpakt voorwerpje uit ter grootte van een mis-vormd Alka-Seltzertablet. Ze hield het voor Benson omhoog.

'*Deux fois par jour,*' zei ze.

Benson schudde het hoofd en bracht zijn hand naar zijn keel.

'Te groot,' zei hij. 'Zoiets groots kan ik nooit doorslikken.'

We vertaalden het voor de apothekeres, maar voor-dat ze antwoord kon geven sloeg de oude man al dub-bel van het lachen, gevaarlijk wiebelend op zijn kruk en zijn ogen afvegend met de rug van een knoestige hand.

De apothekeres glimlachte en maakte kiese op-waartse bewegingen met het in folie verpakte klompje materie. '*C'est un suppositoire.*'

Benson keek verbijsterd. De oude man sprong nog steeds lachend van zijn kruk en pakte de apothekeres de zetpil uit de hand.

'*Regardez,*' zei hij tegen Benson. '*On fait comme ça.*' Hij deed een stap van de toonbank weg om ruimte te heb-

ben, boog zich, de zetpil hoog boven zijn hoofd houdend, voorover, en bracht vervolgens met een soepele
neerwaartse zwaai van zijn arm de zetpil stevig tegen
het zitvlak van zijn broek. '*Tok!*' zei de oude man. Hij
keek naar Benson op. '*Vous voyez?*'

'In je *kont?*' Benson schudde opnieuw het hoofd. 'Je-
zus, wat gek.' Hij zette zijn zonnebril op en deed een
paar stappen achteruit. 'Dat doen we niet waar ik vandaan kom.'

We probeerden uit te leggen dat het een heel effi-
ciënte methode was om een geneesmiddel in de bloed-
baan te brengen, maar hij was niet overtuigd. En toen
we zeiden dat hij er ook geen keelpijn van zou krijgen,
vond hij dat niet grappig. Ik vraag me dikwijls af wat
hij zijn broer de dokter in Brooklyn verteld heeft.

Kort daarop kwam ik Massot tegen in het bos en
vertelde hem over de les met de zetpil. Wel aardig,
vond hij, maar als je een echt *dramatique* verhaal wilde
horen haalde er niets bij dat van de man die in het ziekenhuis was opgenomen om zijn appendix te laten
verwijderen en bij het bijkomen uit de verdoving ontdekte dat zijn linkerbeen was geamputeerd. *Beh oui.*

Ik zei dat dat toch niet waar kon zijn, maar Massot
hield vol van wel.

'Als ik ooit ziek ben,' zei hij, 'ga ik naar de veearts.
Met dierenartsen weet je tenminste waar je aan toe
bent. Dokters vertrouw ik niet.'

Gelukkig zal Massots opvatting over de Franse me-
dische stand vermoedelijk al even weinig aansluiten
op de werkelijkheid als de meeste van zijn opvattingen. Er kunnen best artsen met een voorliefde voor
het amputeren van lichaamsdelen in de Provence zijn,

maar wij hebben ze nooit ontmoet. Afgezien van onze schermutseling met mononucleose zijn we trouwens nog maar één keer bij een dokter geweest, en dat was ter bestrijding van een aanval van bureaucratie.

Het was de climax van een maandenlang gehannes met paperassen dat we hadden moeten doormaken om onze *cartes de séjour* te krijgen – de identiteitskaarten die buitenlandse inwoners van Frankrijk krijgen uitgereikt. We waren bij de *Mairie* geweest, bij de *Préfecture*, het *Bureau des Impôts* en nogmaals bij de *Mairie*. Overal waar we kwamen werd ons meegedeeld dat we nóg een formulier moesten hebben, dat *naturellement* alleen ergens anders te krijgen was. Uiteindelijk, toen we echt zeker wisten een volledig stel certificaten, attesten, verklaringen, foto's en belangrijke cijfers bij elkaar te hebben, brachten we ons laatste en naar we verwachtten triomfantelijk bezoek aan de *Mairie*.

Onze dossiers werden zorgvuldig bekeken. Alles leek in orde te zijn. We gingen niet klaplopen op de staat. We hadden geen crimineel verleden. We waren er niet op uit Franse werknemers hun baantje te ontfutselen. *Bon.* De dossiers gingen dicht. Nu gingen we dan eindelijk officieel geaccepteerd worden.

De secretaresse van de *Mairie* glimlachte allervriendelijkst en schoof ons nog eens twee formulieren toe. Het was noodzakelijk dat we een medisch onderzoek ondergingen, zei ze toen, om te bewijzen dat we naar lichaam en geest gezond waren. Dr. Fenelon in Bonnieux zou ons met alle genoegen onderzoeken. Dus – op naar Bonnieux.

Dr. Fenelon lichtte ons door en werkte op innemende en kordate wijze de kleine lettertjes van een

korte vragenlijst met ons af. Waren we gek? Nee. Leden we aan epilepsie? Nee. Waren we aan verdovende
middelen verslaafd? Aan alcohol? Vielen we dikwijls
flauw? Ik verwachtte half en half dat hij ons naar onze
darmfunctie zou vragen, voor het geval dat we het geconstipeerde percentage van de Franse bevolking zouden verhogen, maar dat scheen de immigratiedienst
niet te interesseren. We ondertekenden de formulieren. Dr. Fenelon ondertekende de formulieren. Toen
trok hij een la open en haalde nog eens twee formulieren te voorschijn.

Zijn houding was verontschuldigend. '*Bien sûr, vous
n'avez pas le problème, mais...*' Hij haalde zijn schouders
op en legde uit dat wij met die formulieren naar Cavaillon moesten gaan en daar ons bloed laten onderzoeken voor hij ons onze *certificats sanitaires* kon geven.

Werden we op iets speciaals onderzocht?

'*Ah, oui.*' Hij keek nog verontschuldigender. '*La
syphilis.*'

– 6 –
De Engelse Écrevisse

'**E**en schrijver heeft een hondeleven, maar het is het enige leven dat de moeite waard is.' Zo dacht Flaubert erover, en hij geeft hiermee aardig weer hoe je je voelt als je ervoor kiest je werkdagen door te brengen met het zetten van woorden op vellen papier.

Het grootste deel van de tijd is het een eenzame, monotone bezigheid. Af en toe is daar de krent in de pap in de vorm van een goede zin – of liever gezegd wat jij denkt dat een goede zin is, aangezien er niemand anders is om je er uitsluitsel over te geven. Er zijn lange, onproduktieve perioden waarin je overweegt op een of andere vorm van vast en nuttig werk over te stappen, zoals bedrijfsboekhouding. Er is de niet aflatende onzekerheid of iemand wel zal willen lezen wat je schrijft, paniek bij het niet halen van deadlines die je jezelf gesteld hebt, en het ontnuchterend besef dat die deadlines de rest van de wereld worst zullen wezen. Duizend woorden per dag, of niet één; het maakt niemand iets uit, alleen jou. Dat deel van het schrijverschap bezit ongetwijfeld alle aspecten van een hondeleven.

Wat het de moeite waard maakt, is de vreugdevolle en verbazingwekkende ontdekking dat je erin geslaagd bent mensen die je nooit ontmoet hebt enkele uren amusement te schenken. En als sommige van hen je schrijven, is het ontvangen van hun brieven een even groot genoegen als het ontvangen van applaus. Het vergoedt al je gezwoeg. Je laat je ideeën om in de boekhouding te gaan toch maar vallen en begint voorzichtige plannen voor een volgend boek te maken.

Mijn eerste brief arriveerde kort na het verschijnen van *Een jaar in de Provence*, in april. Hij kwam uit Luxemburg, hij was beleefd en complimenteus, en ik bleef er de hele dag naar kijken. De week erop schreef iemand die wilde weten hoe je truffels kon laten groeien in Nieuw Zeeland. En daarna begonnen de brieven in een gestaag stroompje binnen te sijpelen – uit Londen, uit Beijing, uit Queensland, uit Harer Majesteits gevangenis te Wormwood Scrubs, uit de buitenlandersgemeenschap aan de Côte d'Azur, uit de achterlanden van Wiltshire en de heuvels van Surrey – sommige op van briefhoofd voorzien onvervalst handgeschept papier, andere op uit een schrift gescheurde blaadjes, eentje op de achterkant van een kaart van de Londense ondergrondse. De adressen waren dikwijls zo vaag dat de posterijen wonderen van speurwerk moesten verrichten: '*Les Anglais*, Bonnieux' arriveerde uiteindelijk bij ons, ondanks het feit dat we niet in Bonnieux wonen. Evenals de brief die ik het leukst geadresseerd vond: '*L'Écrevisse Anglais*, Ménerbes, Provence.'

De toon van de brieven was plezierig en bemoedigend, en wanneer er een adres bij stond waarheen ik terug kon schrijven, schreef ik terug, met het idee dat daarmee de kous af zou zijn. Maar dikwijls was hij dat niet. Het duurde niet lang of we ontdekten dat we ons in de onverdiende positie bevonden van plaatselijke adviseurs met betrekking tot elk aspect van het leven in de Provence, vanaf het kopen van een huis tot het vinden van een babysit. Er belde een vrouw op uit Memphis om naar het aantal inbraken in de Vaucluse te informeren. Een fotograaf uit Essex wilde weten of hij in zijn levensonderhoud zou kunnen voorzien door het maken van foto's in de Lubéron. Echtparen die erover dachten om in de Provence te gaan wonen schreven hele vellen met vragen. Zouden hun kinderen zich thuisvoelen op de scholen ter plaatse? Hoe hoog waren de kosten van het dagelijks leven? Waren er artsen in de buurt? En hoe zat het met de inkomstenbelasting? Was het eenzaam in de Provence? Zouden ze er gelukkig zijn? We beantwoordden hun vragen zo goed we konden, maar het was een tamelijk onbehaaglijk idee om betrokken te worden bij de persoonlijke beslissingen van volstrekte onbekenden.

En toen, aan het begin van de zomer, begon wat eerst door de brievenbus gevallen was de oprit op te komen. Brieven veranderden in mensen. Het was een hete droge dag, en ik was in de steenharde grond aan het wieden op z'n Provençaals, met een houweel, toen er een auto aan kwam rijden en de bestuurder met een brede glimlach op zijn gezicht en met een exemplaar van mijn boek naar me zwaaiend uitstapte.

'Toch opgespoord!' zei hij. 'Heb wat speurwerk in het dorp gedaan. Fluitje van een cent.'

Ik signeerde het boek en voelde me een echte schrijver, en toen mijn vrouw uit Cavaillon terugkwam was ze naar behoren onder de indruk. 'Een fan,' zei ze. 'Je had hem moeten fotograferen. Niet te geloven dat er iemand zoveel moeite neemt.'

Een paar dagen later was ze minder onder de indruk, toen we het huis verlieten om ergens te gaan eten en een leuke blondine in de voortuin aantroffen, verstopt achter de cipres.

'Bent u het?' vroeg het blondje.

'Ja,' zei mijn vrouw. 'Wat jammer nu. We gaan net uit.'

Blondjes zijn dergelijke reacties van echtgenotes waarschijnlijk wel gewend. Ze vertrok.

'Het had wel een fan kunnen zijn,' zei ik tegen mijn vrouw.

'Laat ze maar ergens anders een fan wezen,' zei ze. 'En haal die voldane grijns van je gezicht.'

In de loop van juli en augustus werd het al gewoon onbekende gezichten bij de voordeur te zien. De meesten van hen verontschuldigden zich voor de storing en gedroegen zich goedgemanierd; ze wilden alleen maar graag dat ik hun boek signeerde, en waren dankbaar voor een glas wijn en even zitten op de binnenplaats, uit de hitte van de zon. Ze leken allemaal gefascineerd door de stenen tafel die we met zoveel moeite uiteindelijk op zijn plaats gekregen hadden.

'Dus *dit* is De Tafel,' zeiden ze en liepen er omheen en lieten hun vingers over het oppervlak glijden alsof het om een van Henry Moores beste werken ging. Het was een heel eigenaardige gewaarwording om onzelf, onze honden (die het prachtig vonden) en ons huis met zoveel belangstelling bekeken te weten. En er waren, naar ik veronderstel onvermijdelijk, ook momenten waarop het zelfs vervelend werd, waarop een bezoek meer aanvoelde als een overval.

Op een middag waarop de temperatuur tegen de

veertig graden liep hadden, zonder dat wij hen zagen, een echtpaar en een vriendin van de vrouw, hun neuzen en knieën tot een bij elkaar passend nijdig rood verbrand, hun auto bij het begin van de oprit neergezet en waren naar het huis gewandeld. De honden sliepen en hadden hen niet gehoord. Toen ik naar binnen liep om een biertje te pakken trof ik hen in de zitkamer, waar ze al babbelend de boeken en het meubilair bekeken. Ik schrok behoorlijk van ze. Zij niet van mij.

'Ah, daar bent u,' zei de man. 'We hebben uw stukjes in *The Sunday Times* gelezen, dus besloten we even aan te wippen.'

Dat was alles. Geen excuses, geen zweem van gêne, niet het minste idee dat ik misschien níet zo blij met hun aanwezigheid was. Ze hadden niet eens een boek bij zich. Ze wachtten nog tot de paperbackuitgave uitkwam, zeiden ze. Ingebonden boeken zijn tegenwoordig zo duur, zeiden ze. Ze wasemden een weinig geslaagde mengeling van familiariteit en neerbuigendheid uit.

Het gebeurt niet dikwijls dat ik op het eerste gezicht iets tegen mensen heb, maar ik had iets tegen ze. Ik vroeg hun te vertrekken.

De rode halskwabben van de man werden nog roder, en hij zwol op als een verbolgen kalkoen aan wie zojuist het slechte nieuws over Kerstmis is meegedeeld.

'Maar we komen helemaal van St. Rémy rijden.' Ik zei hem dan maar weer helemaal terug te rijden, en ze verlieten het huis in een wolk van verontwaardigd gesputter. Nou, dat boek kopen we *zeker* niet, wilden

alleen maar even *kijken*, je zou denken dat het Buc-
kingham Palace was. Ik keek hen na toen ze de oprit
afmarcheerden naar hun Volvo, de schouders strak
van verontwaardiging, en dacht erover om een Rott-
weiler aan te schaffen.

Daarna werd de aanblik van een auto die voor het
huis vaart minderde en stopte het sein voor wat we het
kruipersalarm gingen noemen. 'Ga je fatsoeneren,' zei
mijn vrouw dan bijvoorbeeld, 'ik geloof dat ze de oprit
opkomen. Nee – ze zijn bij de brievenbus blijven
staan.' En eens was, toen ik later de post ging halen,
een exemplaar van het boek ter signering in een
plastic zak en onder een steen boven op de put achtergelaten. De volgende dag was het weg; naar ik hoopte
meegenomen door de bescheiden mensen die het daar
hadden neergelegd omdat ze ons niet wilden storen.

Tegen het eind van de zomer waren we niet de eni-
gen die aandacht van het publiek gekregen hadden.
Onze buurman Faustin had eveneens een keer het
verzoek gehad zijn handtekening in het boek te zetten,
wat hem enigszins bevreemd had aangezien hij naar
hij zei geen *écrivang* was. Toen ik hem vertelde dat
mensen in Engeland over hem gelezen hadden, nam
hij zijn pet af, streek zijn haar glad en zei twee keer *Ah
bon?*, op een toon alsof hij dat wel leuk vond.

Maurice de chef had eveneens zijn portie signeren
gedaan, en hij zei dat hij nog nooit zoveel Engelse
klanten in zijn restaurant gehad had. Sommigen van
hen waren verbaasd geweest te ontdekken dat hij werkelijk bestond; ze hadden gedacht dat ik hem verzon-
nen had. Anderen waren met een exemplaar van het
boek aan komen zetten en hadden een maaltijd

besteld waar ze over gelezen hadden, tot en met het laatste glas *marc*.

En dan was er de beroemde loodgieter, monsieur Menicucci, die nog steeds van tijd tot tijd tussen zijn *oeuvres* door komt binnenvallen om ons deelgenoot te maken van zijn gedachten over politiek, wilde paddestoelen, klimatologische onregelmatigheden, de vooruitzichten voor het Franse rugbyteam, Mozarts genialiteit en eventuele opwindende ontwikkelingen in de wereld van het sanitair. Ik gaf hem een exemplaar van het boek en liet hem enkele passages zien waarin hij de ster van het verhaal geweest was, en vertelde hem dat sommigen van onze bezoekers uitdrukking hadden gegeven aan de wens hem te ontmoeten.

Hij trok zijn wollen muts recht en streek de kraag van zijn oude geruite overhemd glad. '*C'est vrai?*'

Ja, zei ik, dat was volkomen waar. Zijn naam was zelfs in *The Sunday Times* verschenen. Misschien moest ik een signeerzitting voor hem organiseren.

'*Ah, Monsieur Peter, vous rigolez.*' Maar ik zag dat het idee hem wel aanstond, en toen hij wegging hield hij zijn boek zo voorzichtig en toch stevig vast alsof hij een uiterst breekbaar en duur bidet droeg.

De stem aan het andere eind van de lijn had gemakkelijk helemaal uit Sidney kunnen komen; ze klonk opgewekt en had een zwaar accent.

'Goeiedag. Met Wally Storer, van de English Bookshop in Cannes. Hoopjes Pommy's hier, en uw boek loopt lekker. Als u eens tijdens het filmfestival een dagje kwam signeren?'

Ik heb altijd twijfels over de literaire eetlust van

filmmensen gehad. Een oude vriend van me die in Hollywood werkt, bekende eens dat hij in zes jaar tijds één boek gelezen had, en daardoor al als een randintellectueel beschouwd werd. Als je in Bel Air de naam Rimbaud laat vallen, neemt men aan dat je het over Sylvester Stallone hebt. Schrijfkramp en mammoetverkopen kwamen me niet waarschijnlijk voor. Niettemin leek het me best leuk. Misschien zou ik nog wel een filmster te zien krijgen, of een mooie topless dame op de Croisette, of – het allerzeldzaamst wat je in de stad te zien kón krijgen – een glimlachende kelner op het terras van het Carlton Hotel. Ik zei dat ik graag zou komen.

Het was warm, zonnig weer, slecht weer voor boekwinkels, toen ik me aansloot bij het de stad binnenkruipend verkeer. Heldergekleurde nieuwe borden aan de lantaarnpalen kondigden aan dat Cannes de tweelingstad van Beverly Hills geworden was, en ik kon me heel goed voorstellen hoe de burgemeesters hierin een eindeloze stoet aanleidingen zouden kunnen vinden voor het uitwisselen van bezoekjes, ter wille van de vriendschap tussen hun beider steden en hun beider gemeenschappelijk voordeeltje in de vorm van betaalde vakanties.

Voor het Palais des Festivals was zo te zien de hele politiemacht van Cannes, uitgerust met revolvers, walkie-talkies en zonnebrillen, druk bezig een hele reeks verkeersopstoppingen tot stand te brengen en ervoor te zorgen dat Clint Eastwood niet ontvoerd werd. Met de vaardigheid verkregen door vele jaren oefening stuurden ze auto's in grauwende kluwens op elkaar af en gingen dan woedend naar ze staan fluiten en de automobilisten met geïrriteerde rukjes van hun hoofd naar de volgende grauwende kluwen toe dirigeren. Ik deed er tien minuten over om vijftig meter vooruit te komen. Toen ik uiteindelijk het uitgestrekte ondergrondse parkeerterrein bereikte, zag ik dat een eerder slachtoffer van de chaos op de muur gekrabbeld had: 'Cannes is leuk om even langs te gaan, maar de hele dag hoeft voor mij niet.'

Ik ging naar een café aan de Croisette om te ontbijten en naar sterren uit te kijken. Alle andere mensen deden hetzelfde. Nooit eerder hebben zoveel onbekenden elkaar zo nauwgezet bekeken. Alle meisjes trokken pruillipjes en probeerden er verveeld uit te zien. Alle mannen hadden lijstjes van de die dag te vertonen films bij zich en maakten belangrijke aantekeningen in de marges. Een of twee draadloze telefoons werden nonchalant-opvallend naast de croissants neergelegd, en iedereen pronkte met plastic afgevaardigden-naamplaatjes en de onvermijdelijke Festivaltas, met *Le Film Français / Cannes 90* erop. Over *Le Film Américain* of *Le Film Anglais* werd niks gezegd, maar ik veronderstel dat dat een van de voordelen is als je bij dit soort gelegenheden gastheer bent: je kunt de tassen kiezen.

De Croisette was beplant met een woud van affiches waarop de namen stonden van acteurs, regisseurs, producers, en lieden die wat mij betrof ook kappers konden zijn. De borden stonden recht tegenover de grote hotels, vermoedelijk met de opzet dat de held van het affiche elke ochtend vanuit het slaapkamerraam zijn naam kon zien voordat hij het in Cannes traditionele ontbijt van ham en ego ging nuttigen. Er hing een jachtige sfeer in de lucht, een sfeer van grote zaken en groot geld, en de over de Croisette voortlopende groepen bedrijvige zakenmannetjes hadden geen oog voor de oude bedelaar die voor het hotel Majestic op het trottoir zat met één eenzame munt van twintig centimes in zijn omgekeerde, gerafelde pet.

Gesterkt door mijn dosis glamour liet ik de mogols aan hun zaakjes over en liep door de smalle Rue Bivouac-Napoléon naar de English Bookshop, me geestelijk voorbereidend op de rare ervaring in een etalage te zitten hopen dat iemand – wie dan ook – me zou vragen mijn naam in een boek te zetten. Ik had al eens een paar keer eerder boeken gesigneerd. Dat waren zenuwslopende gelegenheden geweest waarbij ik van veilige afstand aangestaard was door mensen die zich liever niet binnen gespreksafstand waagden. Misschien hadden ze gedacht dat ik zou bijten. Weinig vermoedden ze hoe opgelucht een schrijver zich voelt wanneer een dappere ziel zijn tafeltje nadert. Na enkele minuten in je eentje te kijk te hebben gezeten klamp je je aan elke strohalm vast en ben je bereid alles te signeren vanaf boeken en foto's tot aan oude nummers van de *Nice-Matin* en cheques toe.

Gelukkig hadden Wally Storer en zijn vrouw deze schrijversplankenkoorts voorzien en de winkel volgepropt met vrienden en klanten. Wat ze voor lokmiddelen hadden gebruikt om dezen van het strand weg te sleuren weet ik niet, maar ik was dankbaar bezig te kunnen blijven, en begon zelfs te wensen dat ik Monsieur Menicucci meegenomen had. Hij had veel beter dan ik kunnen antwoorden op de vraag waarom het

Franse rioolsysteem zich gedraagt en ruikt zoals het doet, wat iets bleek te zijn waar Engelse ingezetenen van Frankrijk algemeen nieuwsgierig naar waren. Is het niet raar, zeiden ze, dat de Fransen over een zo vergevorderde technologie beschikken waar het hogesnelheidstreinen en elektronische telefoonapparatuur en vliegtuigen als de Concorde betreft, en in hun sanitaire ruimten in de achttiende eeuw zijn blijven steken? Laatst nog, zo vertelde een bejaarde dame me, waren toen ze haar toilet doortrok de restanten van een gemengde salade boven komen drijven. Heus, dat was toch *too bad*. Zoiets zou je in Cheltenham nooit overkomen.

Het signeren was achter de rug, en we gingen naar een bar om de hoek. De Amerikanen en Engelsen overtroffen de autochtone bevolking in aantal, maar autochtonen zijn in Cannes dun gezaaid. Zelfs een groot deel van de politiemacht is naar mij is verteld geïmporteerd uit Corsica.

Toen ik vertrok patrouilleerde de politie nog steeds over de Croisette, stoeide wat met het verkeer en keek naar de meisjes die in diverse stadia van ontkleding langsslenterden. De oude bedelaar had zich niet van zijn stekje voor het Majestic verroerd, en zijn twintigcentimesstuk was even eenzaam als ooit. Ik liet wat munten in zijn pet vallen en hij wenste me een prettige dag – in het Engels. Ik vroeg me af of hij oefende voor Beverly Hills.

– 7 –

Boven de vijftig zonder te hard te gaan

Ik heb nooit veel aandacht aan mijn verjaarda-
gen besteed, zelfs niet aan die mijlpalen die
aangaven dat ik er opnieuw in geslaagd was
tien jaren leven door te wankelen. Ik werkte op de dag
dat ik dertig werd, ik werkte op de dag dat ik veertig
werd, en ik had geen enkel probleem met het idee op
mijn vijftigste verjaardag eveneens te zullen werken.
Maar het mocht niet zijn. Madame mijn vrouw had
andere ideeën.

'Je gaat een halve eeuw oud worden,' zei ze. 'De
hoeveelheid wijn die jij drinkt in aanmerking genomen is dat wel een prestatie. We moeten het vieren.'

Tegenspreken is nutteloos wanneer ze die bepaalde
trek om haar kin heeft, en dus overlegden we hoe en
waar dat dan gebeuren moest. Ik had kunnen weten
dat mijn vrouw het allemaal al voor elkaar had; ze
hoorde mijn voorstellen – een tochtje naar Aix, een *dé-
jeuner flottant* in het zwembad, een dag aan zee in Cassis
– alleen maar uit beleefdheid aan. Toen ik door mijn
inspiratie heen raakte nam ze het van me over. Een
picknick in de Lubéron, zei ze, met een paar goede
vrienden. Dat was in de Provence dé manier om je
verjaardag te vieren. Ze schilderde lyrische beelden
van een lommerrijke open plek in het bos. Ik zou niet

eens een lange broek aan hoeven. Ik zou het heerlijk vinden.

Ik kon me niet voorstellen dat ik een picknick heerlijk zou vinden. Mijn picknickervaringen hadden, daar ze tot Engeland beperkt waren gebleven, herinneringen nagelaten aan uit permanent nattige aarde optrekkend vocht dat langs je ruggegraat omhoog kroop, aan mieren die je het eten betwistten, aan lauwe witte wijn en aan haastig beschutting zoeken wanneer de onvermijdelijke wolk boven je verscheen en openbarstte. Ik haatte picknicks. En ik was zo onhoffelijk dat ook te zeggen.

Deze picknick, zei mijn vrouw, zou anders zijn. Ze had het al helemaal uitgewerkt. Ze was zelfs al in uitvoerig overleg met Maurice getreden, en wat haar voor ogen stond zou niet alleen een beschaafd maar zelfs een hoogst pittoresk gebeuren zijn, een evenement dat Glyndebourne op een droge dag naar de kroon zou steken.

Maurice, de chef-kok en eigenaar van de Auberge de la Loube in Buoux en een serieuze paardenliefhebber, had door de jaren heen twee negentiende-eeuwse *calèches* ofwel open rijtuigen, plus een door paarden getrokken limousine, een koets, *une vraie diligence*, verzameld en gerestaureerd. Thans bood hij zijn meer avontuurlijk aangelegde klanten de mogelijkheid naar hun lunch toe te draven. Ik zou het *prachtig* vinden.

Ik zie in wanneer verzet geen zin heeft, en de zaak was beklonken. We nodigden acht vrienden uit en duimden voor goed weer, zij het minder paniekerig dan we in Engeland gedaan zouden hebben. Ofschoon het sinds april nog maar één keer geregend had, twee maanden geleden dus, is de junimaand in de Provence onvoorspelbaar en soms nat.

Maar toen ik wakker werd en de binnenplaats opliep was de hemel om zeven uur in de ochtend al van een oneindig blauw, net als dat van een Gauloise-pakje. De flagstones voelden warm aan onder mijn blote voeten, en onze inwonende hagedissen hadden hun zonnebadstekjes al opgezocht, en hingen roerloos tegen de muur van het huis aangeplakt. Alleen al door zo'n ochtend begroet te worden bij je ontwaken volstond als verjaarscadeau.

Het begin van een hete zomerdag in de Lubéron, wanneer je op het terras zit met een kom *café crème*, de bijen rondrommelen in de lavendel en het zonlicht het bos glanzend donkergroen kleurt, is nog heerlijker dan bij het wakker worden plotseling rijk te blijken. Warmte verschaft mij een gevoel van fysiek welzijn en stemt mij optimistisch; ik voelde me geen dag ouder dan negenenveertig, en neerkijkend op tien bruine tenen hoopte ik hier op mijn zestigste verjaardag precies zo te zitten.

Wat later, toen warmte overging in hitte, werd het gezoem van de bijen overstemd door het geronk van een dieselmotor, en ik keek toe hoe een eerbiedwaardige open landrover, in een groene camouflagekleur gespoten, hijgend de oprit opkwam en in een stofwolk halt hield. Het was Bennett, die eruitzag als een verkenner van een Vooruitgeschoven Woestijngroep: korte broek en overhemd van militaire snit, tankcommandant-zonnebril, een met jerrycans en gereedschapstassen behangen voertuig, een diepbruin verbrand gezicht. Alleen het hoofddeksel, een honkbalpet van Louis Vuitton, zou in Al Alamein misstaan hebben. Hij was op de N 100 de vijandelijke linies doorgekomen, met succes Ménerbes binnengevallen, en was nu geheel gereed voor de doorstoot naar de bergen.

'Mijn God, wat zie je er oud uit,' zei hij. 'Vind je het erg als ik even vlug opbel? Ik heb mijn zwembroek laten liggen bij die mensen bij wie ik vannacht gelogeerd heb. Het is een kakikleurige, net als de onderbroek van generaal Noriega. Heel apart. Zou het vervelend vinden 'm kwijt te raken.'

Terwijl Bennett telefoneerde verzamelden we onze twee logés en drie honden en propten ze in de auto voor de rit naar Buoux, waar we de anderen zouden treffen. Bennett kwam het huis uit en stelde zijn honkbalpet bij tegen het felle licht, en daar vertrokken we in konvooi, waarbij de landrover en zijn bestuurder heel wat belangstelling wekten onder de boeren die aan weerszijden van de weg tot aan hun middel in de wijnstokken stonden.

Na Bonnieux werd het landschap wilder en ruiger en maakten wijnstokken plaats voor rotsgesteente en dwergeiken en met purper doortrokken lavendelvelden. Er waren geen auto's en geen huizen. We hadden ons wel honderd kilometer van de sjieke dorpjes van de Lubéron vandaan kunnen bevinden, en het deed me genoegen dat er nog zoveel woest en ledig land bestond. Het zou nog lang duren voordat hier een boetiek van Soulciado of een makelaarskantoor zou verschijnen.

We reden omlaag, het diepe dal in. Buoux dutte in de zon. De hond die op de houtstapel net voorbij de

Mairie woont deed één oog open en blafte voor de vorm, en een kind met een klein poesje in zijn armen keek op met ogen als witte ronde schoteltjes in een rond bruin gezichtje, verbaasd bij de ongewone aanblik van verkeer.

Het terrein om de auberge zag eruit alsof er auditie werd gehouden voor een film waarvan de intrige, figuren, aankleding of periode nog niet helemaal vaststonden. Men zag een wit kostuum en een breedgerande panama, shorts en slippers, een zijden japonnetje, het kostuum van een Mexicaanse pachtarbeider, sjaals en felgekleurde omslagdoeken, hoeden van uiteenlopende kleur en ouderdom, één smetteloos geklede baby, en onze man uit de woestijn die nu van zijn landrover sprong om leiding te geven aan de bagage-inspectie.

Daar verscheen Maurice van het parkeerterrein voor de paarden, met een brede glimlach naar ons en naar het prachtige weer. Hij was op zijn Provençaalse zondags – wit overhemd en broek, zwarte veterdas, bordeauxrood vestje en oude platte strooien hoed. Zijn vriend, die de koetsier van het tweede rijtuig zou zijn, was eveneens in het wit, met als enige kleuraccenten brede knalrode bretels en een schitterende peper-en-zoutkleurige snor, het evenbeeld van Yves Montand in *Jean de Florette*.

'*Venez!*' zei Maurice. 'Kom de paarden eens bekijken.' Hij voerde ons de tuin door, ondertussen informerend hoe het met onze eetlust gesteld was. De voorhoede was net met het bestelwagentje vertrokken om de picknick klaar te zetten, en ze hadden een feestmaal aan boord dat uitgebreid genoeg was om heel Buoux te eten te geven.

De paarden stonden in de schaduw vastgebonden; hun vacht glansde, hun manen en staart waren gecoiffeerd. Een van hen hinnikte en snuffelde op zoek naar een suikerklontje aan Maurice' vest. De jongste gaste, hoog op haar vaders schouders gezeten, maakte verbaasde gorgelgeluidjes bij het zien van zo'n monster en boog zich voorover om met een voorzichtig roze vingertje in de glanzende voskleurige flank te prikken. Het paard zag haar aan voor een vlieg en zwiepte met zijn lange staart.

We keken toe hoe Maurice en Yves Montand de paarden voor de open *calèche* spanden die zwart was, afgezet met rood, en voor de aan zeven mensen plaats biedende *diligence* die rood was, afgezet met zwart – en allebei waren ze geolied en in de was gezet en opgepoetst tot een staat van showroomperfectie. Maurice had de hele winter aan ze gewerkt en ze waren zoals hij zei, '*impecc*'. De enige moderne toevoeging was een merkautotoeter ter grootte en met het model van een jachthoorn, te gebruiken bij het inhalen van minder op snelheid gebouwde voertuigen, en om eventuele aan oversteken denkende kippen te *éclater*.

'*Allez! Montez!*' We klommen in de rijtuigen en vertrokken, met gepaste inachtneming van de snelheidslimieten in het dorp. De hond op de houtstapel blafte ten afscheid, en we trokken de open natuur in.

Wanneer je op deze manier reist ga je het betreuren dat de auto ooit is uitgevonden. Je ziet alles met andere ogen, je wordt er meer door geboeid, het is allemaal op de een of andere manier interessanter. Je rijdt in een gerieflijk, wiegend ritme voort, waarbij de ophanging zich aanpast aan de gang van het paard en de veranderingen in het oppervlak van de weg. Er is een plezierige mix van ouderwetse achtergrondgeluiden: het tuig kraakt en de hoeven kletteren en de stalen banden om de wielen knersen over de steentjes op de weg. Dan is er dat speciale *parfum* – een mengeling van warm paard, zadelzeep, vernis en de geuren van de velden die niet tegengehouden door autoramen de neus bereiken. En dan is er de snelheid, of het gebrek aan snelheid, waardoor je tijd hebt om te *kijken*. In een auto zit je in een snel voortbewegend kamertje. Je ziet een vage vlek, een korte impressie; je bent van de natuur afgesloten. In een open rijtuig maak je er deel van uit.

'*Trottez!*' Maurice gaf het paard een tikje met de zweep en we gingen in de tweede versnelling. 'Het is een luilak, dit beestje,' zei hij, 'en een vreetzak is het ook. Op de terugweg loopt ze veel harder, omdat ze weet dat ze dan te eten krijgt.' Een langgerekt scharlakenrood veld vol papavers ontrolde zich langzaam in het dal onder ons en aan de hemel zwenkte en zwierde een buizerd door de lucht, met uitgestrekte roerloze vleugels, balancerend op de luchtstroom. Terwijl ik ernaar zat te kijken schoof een wolk voor enkele ogenblikken voor de zon en ik zag de stralen erachter vandaan komen in donkere, bijna zwarte spaken.

We draaiden van de weg af en gingen verder over een smalle landweg die zich tussen de bomen door kronkelde, en het geluid van de paardehoeven werd gedempt door rafelige, geurige tapijtjes van wilde tijm. Ik vroeg Maurice hoe hij zijn picknickplekjes ontdekte, en hij vertelde me dat hij elke week op zijn vrije dag te paard op verkenningstocht was gegaan, en dan

soms uren achtereen had voortgereden zonder
iemand te ontmoeten.

'We zijn maar twintig minuten van Apt vandaan,'
zei hij, 'maar hier komt nooit iemand. Alleen ik en de
konijnen.'

Het bos werd dichter en het pad smaller, nog maar
nauwelijks breed genoeg voor het rijtuig. Toen draaiden we om een rotswandje heen, doken door een tunnel van takken en daar stond ze voor ons opgediend.
De lunch.

'*Voilà!*' zei Maurice. '*Le restaurant est ouvert.*'

Aan het eind van een vlakke, met gras begroeide
open plek was onder het lover van een breed uitge-
groeide dwergeik een tafel voor tien gedekt – een tafel
met een knisperig wit tafelkleed, ijsemmers, gesteven
katoenen servetten, kommen met verse bloemen, met
echt bestek en echte stoelen. Achter de tafel was een
reeds lang lege stenen *borie* omgebouwd tot een rustieke bar, en ik hoorde het knallen van kurken en gerinkel van glazen. Al mijn scepsis ten aanzien van picknicks verdween. Een groter verschil tussen dit en een
vochtig achterste en mierenbroodjes kon je je niet
voorstellen.

Maurice zette een gedeelte van de open plek af met
touwen en maakte de paarden los, die op hun rug in
het gras gingen rollen met de opluchting van twee van
hun korset bevrijde dames op leeftijd. De gordijntjes
van de *diligence* gingen neer, en de jongste gaste ging
een dutje doen terwijl de rest van ons op het kleine
open plaatsje van de *borie* een versterkend glas gekoel-
de perzikkleurige champagne kreeg.

Een van alle comfort voorzien avontuur is een onovertroffen middel om mensen in een goed humeur te brengen, en Maurice had nauwelijks op enthousiastere gasten kunnen hopen. Hij verdiende het. Hij had overal aan gedacht, vanaf een overvloed aan ijs tot aan tandenstokers toe, en zoals hij al gezegd had bestond er niet het geringste gevaar dat we honger zouden lijden. Hij riep ons bij de tafel en voerde ons mee langs de eerste gang: meloen, kwarteleieren, romige kabeljauw *brandade, wildpâté,* gevulde tomaten, gemarineerde champignons – het ging maar door, van het ene uiteinde van de tafel tot aan het andere, en in het gefilterde zonlicht zag het eruit als een onwaarschijnlijk volmaakt stilleven uit de bladzijden van een van die kunstkookboeken die nooit in de keuken terechtkomen.

Er volgde een kleine onderbreking, waarin ik de zwaarste en meest ter zake dienende verjaarskaart kreeg aangeboden die ik ooit gekregen had – een rond metalen verkeersbord, zestig centimeter in doorsnee, met in grote zwarte cijfers een genadeloze verwijzing naar het verstrijken der jaren. 50. *Bon anniversaire* en *bon appétit.*

We aten en dronken als helden, telkens tussen de gangen door opstaand met het glas in de hand voor een wandelingetje om bij te komen, alvorens naar de tafel terug te keren voor méér. De lunch duurde bijna vier uur, en tegen de tijd dat de koffie en de verjaardags*gâteau* werden geserveerd hadden we die staat van voldane loomheid bereikt waarin zelfs het gesprek in slow motion gevoerd wordt. De wereld was gehuld in een roze waas. Vijftig was een prachtige leeftijd.

De paarden moeten het groter gewicht van hun

menselijke last hebben gevoeld toen ze de rijtuigen van de open plek wegtrokken, naar de weg die naar Buoux terugleidde, maar ze leken darteler dan ze 's morgens geweest waren; ze schudden hun hoofden en snoven de lucht op met wijd opengesperde neusgaten. Plotselinge windvlagen rukten aan strohoeden, en in de verte gromde onweer. Binnen enkele minuten kleurde de blauwe hemel zwart.

We hadden net de weg bereikt toen de hagel neer begon te vallen – ter grootte van erwten en pijnlijk neerkletterend op onze hoofden, zoals we daar in de open *calèche* zaten, en wegstuiterend van de brede natte rug van het paard. Dat behoefde geen aanmoediging van de zweep. Het ging er volledig tegenaan, met het hoofd omlaag en dampend lichaam. De rand van Maurice' strohoed was verslapt tot een stel verregende hangoren en van zijn rode vest liep de verf uit over zijn broek. Hij lachte en schreeuwde ons tegen de wind in toe: '*Oh là là, le pique-nique Anglais!*'

Mijn vrouw en ik maakten een tent van een reisdeken, en keken achterom om te zien hoe de *diligence* het in de stortbui redde. Het dak was duidelijk minder waterdicht dan het er uitzag. Aan weerszijden van de koets kwamen handen naar buiten die hoeden vol water overboord kieperden.

We kwamen Buoux in denderen met op de bok een zich met stijve benen schrap zettende Maurice, die beide teugels uit alle macht strak hield om de onbesuisde geestdrift van het paard in te tomen. Ze rook de stal en haar voer. Die mensen en hun picknicks konden haar wat.

De doorweekte maar opgewekte slachtoffers van de

bui verzamelden zich in het restaurant om op krachten te komen met thee en koffie en *marc*. De elegante picknickers van die ochtend waren nergens meer te ontdekken, vervangen door druipende figuren met sliertige haren en gehuld in kleding in uiteenlopende gradaties van doorschijnendheid. Door een eens witte, ondoorzichtige broek heen wenste een onderbroek met rode opdruk ons Vrolijk Kerstfeest. Kledingstukken die eens wijd hadden uitgezwierd plakten nu tegen het lichaam van de drager of draagster, en de strooien hoeden zagen eruit als borden verkleefde cornflakes. We stonden allemaal in ons eigen waterplasje.

Madame en Marcel, de kelner, die in de bestelwagen terug waren gereden, serveerden een assortiment aan droge kleren bij de *marc*, en het restaurant veranderde in een verkleedruimte. Bennett stond zich peinzend onder zijn honkbalpet af te vragen of hij een zwembroek zou lenen voor de rit naar huis; de landrover stond vol water en op de stoel van de bestuurder lag een plasje. Maar de bui was tenminste voorbij, zei hij met een blik uit het raam.

Was ze in Buoux voorbij, in Ménerbes was ze helemaal niet gevallen. De oprit naar ons huis was nog steeds stoffig, het gras was nog steeds bruin, de binnenplaats nog steeds heet. We keken hoe de zon een ogenblik in de kerf tussen de twee bergpieken ten westen van het huis bleef hangen alvorens onder een met roze doorsponnen hemel uit het zicht te verdwijnen.

'Wel,' zei mijn vrouw, 'vind je picknicks nu wèl leuk?'

Wat een vraag. Natuurlijk vind ik picknicks leuk. Ik ben gek op picknicks.

– 8 –
De Flic

Het was pure pech dat ik geen kleingeld had voor de parkeermeter, net op een van de weinige dagen dat de gezagdragers die in Cavaillon het verkeer controleren actief waren. Er zijn er twee; goed gecapitonneerde, zich traag bewegende mannen die hun best doen om er dreigend uit te zien wanneer ze met een kleppet en zonnebril op met ontzagwekkende bedaardheid van auto naar auto gaan, op zoek naar een *contravention*.

Ik had een vrije meter gevonden waar iets in gegooid moest worden, dus ging ik een café daar vlakbij binnen om wat francs te kunnen wisselen. Toen ik bij de auto terugkwam stond er een gewichtige figuur in het blauw achterdochtig naar de wijzer van de meter te turen. Hij keek op en richtte zijn zonnebril op me, tegelijkertijd met zijn pen op de meter kloppend.

'De tijd is om.'

Ik legde mijn probleem uit, maar hij was niet in de stemming om verzachtende omstandigheden in aanmerking te nemen.

'*Tant pis pour vous*,' zei hij. '*C'est une contravention.*'

Ik keek om mij heen en zag dat er wel een half dozijn auto's dubbel geparkeerd stonden. Een vrachtwagen van een *maçon*, boordevol met bouwpuin, was zomaar op de hoek van een zijstraat neergezet zodat hij een uitrit volledig blokkeerde. Aan de andere kant van de weg stond een vrachtwagentje zelfs dwars over een zebrapad. Mijn misdrijf leek betrekkelijk onaanzienlijk vergeleken met deze flagrante wetsovertredingen, en ik was zo onverstandig om dat te zeggen.

Ik werd daarna officieel onzichtbaar. Er kwam geen ander antwoord dan een geïrriteerd gesnuif, en de bewaker van de snelweg liep om me heen om het kenteken van de auto te noteren. Hij haalde zijn opschrijfboekje uit de hoes en raadpleegde zijn horloge.

Hij begon mijn zonden al op papier te zetten – er waarschijnlijk nog een extra bonusboete aan toevoegend wegens onbeschaamdheid – toen er een gebrul opklonk uit het café waar ik mijn kleingeld gehaald had.

'*Eh, toi! Georges!*'

Georges en ik keken om en zagen een kleine gezette man zich een weg naar ons toe banen door de tafeltjes en stoelen op het trottoir, één vinger heen en weer bewegend in het Provençaalse steno dat een heftig oneens-zijn weergeeft.

Vijf minuten lang waren Georges en de gezette man druk bezig met schouderophalen en gesticuleren en elkaar streng op de borstkas kloppen bij het debatteren over mijn zaak. Het was de volle waarheid, zei de nieuwaangekomene. Monsieur was net gearriveerd en hij was inderdaad het café in gegaan om wisselgeld te halen. Er waren getuigen van. Hij zwaaide met zijn arm achteruit naar het café, waar drie of vier gezichten vanuit de schemering van de bar naar ons toegekeerd werden.

De wet is de wet, zei Georges. Het is een duidelijke *contravention*. Bovendien, ik ben het formulier al aan het invullen, en dus is er niets meer aan te doen. Het is niet terug te draaien.

Mais c'est de la connerie, ça. Verander het formulier, en geef het aan die druiloor die de straat blokkeert met zijn vrachtauto.

Georges begon te weifelen. Hij keek naar de vracht-wagen en zijn opschrijfboekje, snoof nogmaals, en wendde zich naar me toe zodat hij het laatste woord kon hebben. 'Zorg er de volgende keer voor dat u kleingeld bij u heeft.' Hij keek me doordringend aan, zonder twijfel mijn misdadige trekken in zijn geheu-gen prentend voor het geval dat hij ooit een verdachte in zou moeten rekenen, en verwijderde zich over het trottoir in de richting van de vrachtauto van de *maçon*.

Mijn redder grijnsde en schudde het hoofd. 'Hij heeft *pois chiches* in plaats van hersenen, die jongen.'

Ik bedankte hem. Kon ik hem een slokje aanbie-den? We gingen samen het café weer in en streken neer aan een donker tafeltje in de hoek, en daar bleef ik de volgende twee uur zitten.

Hij heette Robert. Hij was niet echt klein, niet echt dik, breed van borstkas en maagstreek, zwaar van nek, donker van gelaatskleur, en uitgemonsterd met een zwierige snor. Zijn glimlach bestond uit fel met elkaar contrasterende gouden vullingen en met nicotine-aanslag afgezette tanden, en in zijn bruine ogen dansten binnenpretjes. Hij straalde een zekere, een tikkie onbetrouwbare charme uit, de charme van een innemende schavuit. Ik kon me voorstellen hoe hij op de markt van Cavaillon gegarandeerd onbreekbaar serviesgoed zou verkopen en bijna echte Levi's, of wat er de vorige avond ook maar uit de laadbak van de *camion* gevallen was.

Hij bleek politieagent te zijn geweest, waardoor hij ook Georges had leren kennen en verafschuwen. Nu was hij een bewakingsspecialist die alarmsystemen verkocht aan eigenaars van tweede huizen in de Lubéron. *Cambrioleurs* waren tegenwoordig overal, zei hij, altijd op zoek naar het openstaande raam of de niet op slot gedane deur. Uiterst gunstig voor zijn zaken. Had ik al een alarmsysteem? Nee? *Quelle horreur!* Hij schoof me over de tafel een kaartje toe. Er stond zijn naam op, en de aankondiging 'alarmtechnologie van de toekomst'. Een uitspraak die enigszins in tegenspraak was met zijn handelsmerk – een klein tekeningetje van een papegaai op een stok die schreeuwde '*Au voleur!*'

Ik was wel geïnteresseerd in zijn werk bij de politie, en in de reden waarom hij daar was weggegaan. Hij ging gemakkelijk achteruit zitten in een wolk van Gitanerook, wuifde met zijn lege glas naar de barkeeper om nog wat *pastis*, en begon te praten.

In het begin, zei hij, was het een wat slome boel geweest. Wachten op promotie, net als ieder ander, het gewone sleurwerk, die stomvervelende administratieve klussen, niet het soort opwinding waar hij op gehoopt had. En toen was zijn kans gekomen, op een weekend in Fréjus waar hij voor een paar dagen verlof was heengegaan.

Elke ochtend ging hij daar ontbijten in een café dat op de zee uitkeek, en elke ochtend kwam er op dezelfde tijd een man naar het strand voor windsurflessen. Robert had met de lome vage belangstelling van een vakantieganger toegekeken hoe de man op zijn surfplank klom, er afviel en er opnieuw op probeerde te komen.

De man had iets bekends gehad. Robert had hem nooit ontmoet, dat wist hij zeker, maar hij had hem wel ergens gezien. Hij had een opvallende moedervlek in zijn nek, een tatoeage op zijn linkerarm, het soort kleine onderscheidende kenmerken dat een politieman had geleerd op te merken en te onthouden. Het was het profiel van de surfer dat Roberts geheugen alarmeerde, de moedervlek in de hals en de enigszins kromme neus.

Na twee dagen wist hij het weer. Hij had dat profiel al eens eerder gezien, in zwart-wit en met een nummer eronder; een identificatiefoto, het politiekiekje van een boef. De windsurfer had een strafblad.

Robert ging naar de plaatselijke *gendarmerie*, en binnen een half uur keek hij naar het gezicht van een man die het jaar tevoren uit de gevangenis was ontsnapt. Hij was de leider van *le gang de Gardanne*, en stond bekend als gevaarlijk. Tot zijn fysieke kenmerken behoorden een moedervlek in de nek en een tatoeage op de linkerarm.

Men zette een valstrik, die Robert door zijn lachbui heen met enige moeite beschreef. Twintig agenten vermomd in zwembroek verschenen vroeg in de morgen op het strand en deden hun best niet op te vallen, ondanks de eigenaardige overeenkomst in hun aller *bronzage* – de kenmerkende zonnebrand van de politieman, van bruine onderarmen, bruine V bij de hals, en bruin gezicht, en overal elders vanaf de tenen tot en met de bovenste helft van het voorhoofd een lelieblanke huid.

Gelukkig had de voortvluchtige het te druk met op zijn surfplank te klimmen om iets verdachts op te merken aan twintig bleekhuidige mannen die ijverig-lui in de buurt rondhingen, totdat ze hem in ondiep water insloten en meenamen. Een latere doorzoeking van zijn studio-appartement in Fréjus leverde twee Magnums 357 en twee handgranaten op.

Robert kreeg de eer van de vangst, en werd bevorderd tot rechercheur in burger op de luchthaven Marignane, waar zijn scherpe blik volledig ten nutte kon worden gemaakt.

Op dit punt in het verhaal onderbrak ik hem een ogenblik, omdat het ogenschijnlijk ontbreken van officiële bewaking in Marseille me altijd bevreemd had. Arriverende passagiers kunnen hun handbagage bij vrienden stallen alvorens hun grote bagage te gaan ophalen, en als ze alleen maar handbagage bij zich hebben hoeven ze niet eens door de douane. Gezien de reputatie die Marseille geniet leek dit een vreemd achteloze manier van controleren.

Robert hield zijn hoofd schuin en legde een stompe vinger tegen de zijkant van zijn neus. Het is niet helemaal zo *décontracté* als het lijkt, zei hij. Er lopen altijd politiemensen en *douaniers* rond, soms gekleed als zakenman, soms in spijkerbroek en T-shirt; ze mengen zich onder de passagiers, slenteren over de parkeerterreinen, overal hun oren en ogen open houdend. Hijzelf had ook wel eens wat kleine smokkelaars ingerekend – geen grote vangsten, gewoon maar amateurs die dachten dat ze als ze maar eenmaal op het parkeerterrein waren elkaar veilig op de rug konden slaan en luidkeels over hun slimheid praten. Wat een sukkels.

Maar er waren weken waarin er niks bijzonders gebeurde, en uiteindelijk had de verveling vat op hem
gekregen. En zijn *zizi*. Hij grinnikte en wees met zijn
duim tussen zijn benen.

Hij had een meisje aangehouden – een knap meisje,
goed gekleed, dat in haar eentje reisde, de klassieke
drugskoerierster – toen ze in een auto met een Zwit-
sers nummerbord wilde stappen. Hij had haar de stan-
daardvraag gesteld hoe lang de auto al in Frankrijk
was. Ze werd nerveus, toen toeschietelijk, toen heel
toeschietelijk, en daarop hadden ze samen de middag
doorgebracht in het hotel op de luchthaven. Men had
Robert met haar naar buiten zien komen, en dat was
dat geweest. *Fini.* Gek genoeg was het gebeurd in dezelfde week waarin een bewaker in de Beaumettes-
gevangenis van Marseille betrapt was op het aan een
van de gevangenen doorspelen van whisky in voorbe-
werkte yoghurtpotjes. Ook hij was *fini*.

Robert haalde zijn schouders op. Het was verkeerd,
het was stom, maar politiemensen waren geen heili-
gen. Je had er altijd *brebis galeuses*, zwarte schapen, onder. Hij staarde in zijn glas, van top tot teen de boete-
ling bij het overpeinzen van vroegere misstappen. Eén
kleine uitglijer, en je hele carrière naar de maan. Ik begon deernis voor hem te voelen, en zei dat ook. Hij
klopte me over het tafeltje heen op mijn arm, en be-
dierf toen het effect met de opmerking dat hij zich na
een tweede drankje veel beter zou voelen. Hij lachte,
en ik vroeg me af hoeveel van wat hij me verteld had
waar was geweest.

In een ogenblik van naar *pastis* geurende *bonhomie*, had
Robert gezegd dat hij wel eens bij ons langs zou ko-

men om ons van advies te dienen betreffende onze veiligheidsvoorzieningen. Er zou geen enkele verplichting onzerzijds aan vastzitten, en als we er toe mochten besluiten ons huis in een onneembare vesting te veranderen zou hij de allernieuwste snufjes op het gebied van booby traps installeren voor een *prix d'ami.*

Ik bedankte hem en vergat de hele zaak. In een bar gedane aanbiedingen moet men nooit te serieus nemen, en vooral niet in de Provence, waar de allereenvoudigste belofte waarschijnlijk pas na maanden zal worden gerealiseerd. Nadat ik gezien had hoe zorgvuldig mensen op straat het gillen van het alarmsysteem van auto's negeren was ik er toch al niet van overtuigd dat elektronische foefjes een bijzonder afschrikwekkende werking zouden hebben. Ik had meer vertrouwen in een blaffende hond.

Tot mijn verrassing kwam Robert inderdaad langs, in een zilveren BMW overgroeid met antennes, gehuld in een angstwekkend strakke broek, een zwart overhemd, en een wolk muskusachtige opdringerige after-shavegeur. De pracht van zijn tooi werd verklaard door zijn gezellin, die hij voorstelde als zijn vriendin Isabelle. Ze gingen in Gordes lunchen, en Robert had gedacht dat dit een mooie kans was om het nuttige met het aangename te verenigen. Hij slaagde erin dit oneindig suggestief te doen klinken.

Isabelle was hooguit twintig. Een blonde pony veegde langs de bovenrand van een enorme zonnebril. Een minimaal gedeelte van haar lichaam werd omspannen door knalroze spandex, in een lichtgevende koker die ruim boven halverwege haar dijen eindigde. Hoffelijk als hij was stond Robert erop dat ze voorging toen we de treden naar het huis opliepen, en het was duidelijk dat hij van elke stap genoot. Hij zou lessen in wellustig loeren kunnen geven.

Terwijl Isabelle in de weer ging met de inhoud van haar make-uptasje, liep ik met Robert het huis door, en hij gaf me zoals te voorspellen was een verontrustende opsomming van de kansen die ons huis elke gaplustige idioot met een schroevedraaier bood. Ramen en deuren en luiken werden allemaal geïnspecteerd en als zo goed als nutteloos afgedaan. En de honden dan? *Aucun problème.* Die waren zó met wat brokjes vlees met een slaapmiddel erin uit te schakelen, en daarna zou het huis aan de genade van de dieven zijn overgeleverd. Roberts adembenemende after-shave wolkte over me heen toen hij me klem zette tegen de muur. U heeft geen idee wat die beesten *doen.*

Hij ging verder op gedempte, vertrouwelijke toon. Hij wilde niet dat Madame mijn vrouw zou horen wat hij me nu ging vertellen, aangezien het een beetje grof was.

Inbrekers, zei hij, zijn dikwijls bijgelovig. In vele gevallen – hij had het vaker gezien dan hij zich graag herinnerde – vinden ze het nodig om alvorens een geplunderd huis te verlaten ergens hun behoefte te doen, gewoonlijk op de vloer, en bij voorkeur op kamerbreed tapijt. Ze denken dat eventueel ongeluk op deze wijze in het huis zal achterblijven in plaats van met hen mee te gaan. *Merde partout,* zei hij, en deed het woord klinken alsof hij er zojuist in getrapt had.

C'est désagréable, non? Nu, dat was het zeker. *Désagré-*

able was het minste wat je ervan kon zeggen.

Maar, zei Robert, soms was het leven toch recht-vaardig. Eens was een hele groep *cambrioleurs* gepakt, juist door dit bijgeloof. Het huis was leeggehaald, de buit in een vrachtwagen geladen, en nu hoefde alleen nog maar het afscheidsgebaar te worden gemaakt, op de goede afloop. Het hoofd van de bende had echter aanzienlijke moeite met het leveren van zijn bijdrage gehad. Hoe hij zich ook inspande, er gebeurde niets. Hij was *très, très constipé*. En hij zat nog steeds ineenge-doken en vloekend zijn best te doen toen de politie ar-riveerde.

Het was een bemoedigend verhaal, ofschoon ik me wel realiseerde dat we, rekening houdend met het lan-delijk gemiddelde, maar een kans van één op vijf had-den om een geconstipeerde inbreker op bezoek te krij-gen. We konden er niet op rekenen.

Robert nam me mee naar buiten en begon me zijn ideeën over de wijze waarop we het huis in een vesting konden veranderen uiteen te zetten. Aan het begin van de inrit moesten we een elektronisch te bedienen stalen hek hebben. Vóór het huis een verlichtings-systeem dat op druk reageerde; alles wat de oprit op-kwam en meer woog dan een kip zou gevangen wor-den in het felle schijnsel van een hele batterij schijn-werpers. Dit was dikwijls voldoende om inbrekers alle moed te ontnemen en op de vlucht te doen slaan. Maar om volledig beschermd te zijn, om zo rustig te kunnen slapen als een pasgeboren kind, moest men ook het allerlaatste nieuwtje op het gebied van boe-venverdrijvende middelen hebben – *la maison hurlante*, het jankende huis.

Robert onderbrak even zijn betoog om mijn reactie op deze meer dan gruwelijke nieuwigheid te peilen, en glimlachte de tuin door naar Isabelle, die over haar zonnebril naar haar nagels zat te turen. Ze waren van precies hetzelfde knalroze als haar jurk.

'*Ça va, chou-chou?*'

Ze trok een honingkleurige schouder naar hem op, en het kostte hem zichtbaar inspanning met zijn gedachten weer naar jankende huizen terug te keren.

Alors, het ging allemaal via elektronische stralen die elke deur, elk raam, elke opening groter dan een kier beschermden. En als dus ooit een vastbesloten en lichtvoetige inbreker erin zou slagen over de stalen poort heen te komen en op zijn tenen tussen de schijnwerpers door te dansen, zou bij het eerste contact van zijn vinger met raam of deur het huis uitbarsten in een snerpend gegil. Ook kon men nog, bien sûr, voor extra effect een versterker op het dak installeren, zodat het gejank kilometers in het rond te horen zou zijn.

Maar daarmee was de koek nog niet op. Een partner van Robert, woonachtig in de buurt van Gordes, wiens huis op het systeem was aangesloten, zou ogenblikkelijk met zijn geladen *pistolet* en zijn Duitse herder naar ons toe komen rijden. Achter al deze laagjes bescherming zou ik volkomen veilig en *tranquille* zijn.

Het klonk allesbehalve *tranquille*. Ik dacht dadelijk aan Faustin met zijn tractor die om zes uur in de ochtend op het stalen hek zou staan bonzen om bij zijn wijnstokken te kunnen komen; aan de schijnwerpers die de hele nacht aan zouden flitsen wanneer er vossen of *sangliers* of de kat van hiernaast de oprit overstaken; en hoe het loeimechanisme per ongeluk in werking zou kunnen worden gezet en ik een geïrriteerde man met een revolver bliksemsnel mijn excuses zou moeten maken voor zijn hond me aan stukken scheurde. Het wonen in Fort Knox zou één voortdurende levensgevaarlijke ellende zijn. Net als het opwerpen van barricades tegen de augustusinvasie zou het zo'n enorme belasting der zenuwen domweg niet waard zijn.

Tot mijn grote geluk werd Robert afgeleid, zodat hij me niet onder druk zette. Isabelle, die zich er nu van had vergewist dat alles was zoals het zijn moest met haar nagels, de positie van haar zonnebril en het kleefvermogen van haar worstevelletje, was klaar om te gaan. Ze koerde hem over de binnenplaats toe: '*Bobo, j'ai faim.*'

'*Oui, oui, chérie. Deux secondes.*' Hij wendde zich weer naar me toe en probeerde nog even op de zaken terug te komen, maar zijn jankmechanisme was in werking gesteld en onze huiselijke veiligheid was niet meer prioriteit nummer één van het ogenblik.

Ik vroeg hem waar hij ging eten.

'Bij *La Bastide*,' zei hij. 'Kent u het? Vroeger zat in dat gebouw de *gendarmerie*. Eens een *flic*, altijd een *flic*, huh?'

Ik zei dat ik gehoord had dat het ook een hotel was, en hij knipoogde. Hij was een uiterst welsprekend knipoger. Het was de geilste knipoog die je je kon voorstellen.

'Dat klopt,' zei hij.

– 9 –
Hap voor hap in het spoor van de sportieve smulpaap

Vrienden van ons vertelden ons over Ré-gis. Ze hadden hem bij hen thuis te eten genood, en 's morgens had hij opgebeld om te vragen wat hij voorgezet ging krijgen. Zelfs in Frankrijk geeft dit blijk van grotere belangstelling voor het menu dan normaal, en zijn gastvrouw werd nieuwsgierig. Waarom wilde hij dat weten? Er zouden koude gevulde *moules* zijn, er was varkensvlees met truffelsaus, er waren kaassoorten en zelfgemaakte sor-bets. Zou een van deze heerlijkheden problemen ge-ven? Had hij een of andere allergie ontwikkeld? Was hij vegetariër geworden? Was hij, wat God verhoede, op dieet gegaan?

Zeker niet, zei Régis. Het klonk allemaal verrukke-lijk. Maar er was wel sprake van un petit *inconvénient*, en wel het volgende: hij had op het ogenblik vreselijk last van zijn aambeien, en hij kon onmogelijk een heel di-ner lang aan tafel blijven zitten. Eén gang, dat was al-les wat hij zonder ongerief aankon, en hij wilde de gang uitkiezen die hem het meeste aantrok. Hij was ervan overtuigd dat zijn gastvrouw begrip zou hebben voor zijn predicament.

Aangezien het Régis was had ze dat ook. Régis was, zo vertelde ze ons later, iemand wiens hele leven aan tafelgeneugten was gewijd – hij hield zich met kennis van zaken en op bijna dwangmatige wijze met eten en drinken bezig. Maar niet op de manier van een veelvraat. Nee, Régis was een smulpaap die toevallig over een enorme en buitengewoon goed geïnformeerde eetlust beschikte. Ook, zei ze, kon hij heel vermakelijk over deze hartstocht van hem praten, en hij had bepaalde opvattingen over de houding van Engelsen ten opzichte van voedsel die misschien wel interessant voor ons waren. Misschien zouden we het leuk vinden om hem eens te ontmoeten wanneer hij van zijn crise *postérieure* hersteld was.

En op een avond een paar weken later deden we dat ook.

Hij kwam in grote haast binnenrennen, zorgzaam een tamelijk maar nog niet voldoende koude fles Krug-champagne tegen zich aan klemmend, en bleef de eerste vijf minuten met een ijsemmer in de weer om de fles op de juiste consumptietemperatuur te brengen, die naar hij zei tussen de vijf en zeven graden moest zijn. Terwijl hij zachtjes de fles in de emmer ronddraaide vertelde hij ons van een etentje dat hij de vorige week had bijgewoond en dat een gastronomische ramp geweest was. Het enige ogenblik waarop hij genoten had, zei hij, was na afloop geweest, toen een van de vrouwelijke gasten afscheid van de gastvrouw nam.

'Een heel aparte avond,' had ze gezegd. 'Alles was koud behalve de champagne.'

Régis schudde van het lachen en werkte de kurk zo voorzichtig naar buiten dat het opengaan van de fles slechts door een zacht pruttelend zuchtje werd gemarkeerd.

Hij was een grote man, donker en vlezig, met de diepblauwe ogen die men soms tot zijn verbazing in donkere Provençaalse gezichten aantreft. Anders dan de rest van ons in onze conventionele kleding was hij in een joggingpak gehuld – een lichtgrijs, afgezet met rood, met *Le Coq Sportif* op de borst geborduurd. Zijn schoenen waren al even sportief – ingewikkeld uitziende creaties met veelkleurige lagen rubberzool, geschikter voor het lopen van een marathon dan voor een avondje onder de eettafel. Hij zag me ernaar kijken.

'Ik moet gemakkelijk gekleed zijn wanneer ik eet,' zei hij, 'en niets zit zo comfortabel als sportkleding. En...' hij rekte zijn tailleband uit '...je kunt ruimte maken voor de tweede portie. *Très important.*' Hij grijnsde en hief zijn glas. 'Op Engeland en de Engelsen, zolang ze hun kookkunst maar voor zichzelf houden.'

De meeste Fransen die we hadden ontmoet deden min of meer neerbuigend over *la cuisine Anglaise* zonder er veel vanaf te weten. Maar met Régis lag dat anders. Hij had een studie van de Engelsen en hun eetgewoonten gemaakt, en onder de maaltijd vertelde hij ons precies wat we fout deden.

Het begint, zei hij, al in de babytijd. De Engelse baby krijgt smakeloze prut te eten, het soort voer dat men een weinig kieskeurige kip zou geven, *sans caractère, sans goût.* Het Franse peutertje wordt daarentegen al voordat het zelfs maar tanden heeft als een mens met smaakpapillen behandeld. Als bewijs hiervoor beschreef Régis het menu dat Gallia, een van de vooraanstaande babyvoedselfabrikanten, aanbood. Dat omvatte onder andere hersenen, tongfilet, *poulet au riz,* tonijn, lamsvlees, lever, kalfsvlees, Gruyère, soepen, vruchten, groenten, kweepeer- en bosbessenpudding, *crème caramel* en *fromage blanc*. Al dat soort dingen en nog meer, zei Régis, vóór de kleine anderhalf jaar oud is. Begrijpt u? Het verhemelte wordt getraind. Hij zweeg een ogenblik om zich te buigen over de kip in dragon-saus die net voor hem was neergezet, snoof de geur op, en schikte het in de halsopening van zijn joggingpak ingestopte servet recht.

Daarop sloeg hij een paar jaar over en vatte de draad weer op op het punt waarop de fijnproever-in-opleiding naar school gaat. Wist ik nog, vroeg hij me, wat voor eten ik op school gekregen had? Dat wist ik zeker, ik herinnerde het me met afschuw, en hij knikte begrijpend. Het eten op Engelse scholen, zei hij, is be-faamd om de gruwelijke kwaliteit ervan. Het is grauw en *triste* en vol geheimen, omdat je nooit precies weet wat je nu eigenlijk door je strot probeert te krijgen. Maar op de dorpsschool die zijn vijfjarig dochtertje bezocht, wordt het menu voor de hele week op het prikbord gehangen, zodat er dan thuis niet hetzelfde gegeten wordt, en elke dag wordt er een lunch van drie gangen opgediend. Gisteren, bijvoorbeeld, had de kleine Mathilde een sellerijsalade gegeten met een stuk ham-en-kaas *quiche, riz aux saucisses* en gebakken banaan. *Voilà!* De training van het gehemelte wordt voortgezet. En dus is het onvermijdelijk dat de Franse volwassene meer gevoel voor voedsel heeft, en er ook hogere verwachtingen van koestert, dan de Engelse volwassene.

Régis sneed een dikke peer in partjes om die bij zijn kaas te nuttigen, en wees met zijn mes naar me alsof ik voor de slechte opvoeding van het Engelse verhemelte verantwoordelijk was. Nu komen we toe aan de restaurants, zei hij. Hij schudde treurig zijn hoofd, en legde zijn handen ver uiteen op tafel, met de handpalm naar boven, de vingers bijeen. Hier – de linkerhand werd een paar centimeter van tafel getild – heb je *le pub*. Schilderachtig, maar het voedsel dient er alleen maar bij wijze van spons om het bier op te nemen. En hier – de andere hand werd iets hoger geheven – heb je de dure restaurants voor *hommes d'affaires* wier bedrijven betalen voor wat ze eten.

En daartussenin? Régis keek neer op de ruimte tussen zijn beide handen, zijn mondhoeken neergetrokken en een uitdrukking van pure wanhoop op zijn gevulde gezicht. Tussenin bevindt zich een woestijn, *rien.* Waar zijn jullie *bistrots?* Waar zijn jullie eerlijke *bourgeois* restaurants? Waar zijn jullie *relais routiers?* Wie kan zich veroorloven om in Engeland goed uit eten te gaan als hij niet rijk is?

Ik had graag met hem in debat willen gaan, maar ik had er geen ammunitie voor. Hij stelde vragen die wij onszelf al vele malen gesteld hadden toen we in Engeland in de provincie woonden, waar de keuze beperkt was tot pubs of opgedirkte restaurants die zich inbeeldden status te hebben en rekeningen van Londense allure presenteerden. Uiteindelijk hadden we de handdoek in de ring gegooid, verslagen door in de magnetronoven bereide specialiteiten en tafelwijn die in een deftig mandje werd geserveerd door aardige maar niet op hun taak berekende mensen die Justin of Emma heetten.

Régis roerde zijn koffie en aarzelde een ogenblik

tussen Calvados en de hoge, matglazen fles *eau de vie de poires* van Manguin in Avignon. Ik vroeg hem naar zijn lievelingsrestaurants.

'Je hebt natuurlijk altijd Les Baux,' zei hij. 'Maar je staat er te kijken van de rekening.' Hij schudde zijn hand vanuit de pols heen en weer alsof hij zijn vingers gebrand had. 'Dat is niet iets voor elke dag. Ik heb trouwens toch liever wat bescheidenere, wat minder internationale gelegenheden.'

Met andere woorden, zei ik, meer Franse gelegenheden.

'*Voilà!*' zei Régis. 'Meer Franse, en waar je een *rapport qualité-prix* vindt, wáár voor je geld krijgt. Dat bestaat hier nog, weet u, op elk niveau. Ik heb er onderzoek naar gedaan.'

Ik twijfelde er niet aan, maar hij had nog steeds geen namen genoemd, afgezien van Les Baux, dat we achter de hand hielden tot we de staatsloterij wonnen. Kende hij niet iets dat een beetje minder aan de weg timmerde?

'Als u ervoor voelt,' zei Régis, 'zou het wel leuk kunnen zijn om een keertje te gaan lunchen in twee restaurants, heel verschillende restaurants, maar allebei van hoog niveau.' Hij schonk zich nog een slokje Calvados in – 'voor de spijsvertering' – en leunde achterover in zijn stoel. 'Ja,' zei hij, 'dat zal mijn bijdrage zijn aan het onderricht van *les Anglais*. Uw vrouw komt mee, *naturellement*.' Natuurlijk kwam ze mee. De vrouw van Régis zou ons daarentegen helaas niet vergezellen. Zij zou thuis bezig zijn het avondeten klaar te maken.

Hij zei ons hem in Avignon te ontmoeten, in een van de cafés op de Place de l'Horloge, dan zou hij ons de naam van het eerste van zijn twee uitverkoren restaurants onthullen. Hij kuste luidruchtig zijn vingertoppen door de telefoon, en ried ons aan geen afspraken voor de middag te maken. Na een lunch zoals die hij in gedachten had zou alles wat meer energie vereiste dan het drinken van een *digestif* uitgesloten zijn.

We keken toe hoe hij over de *place* op ons toe kwam deinen, met lichte tred voor zo'n grote man, op zijn zwarte basketbalschoenen en in wat zijn nette joggingpak moet zijn geweest, eveneens zwart, met UCLA in roze letters op een vlezige dij. Hij droeg een boodschappenmand en een met ritssluitingen overdekt polstasje van het soort dat Franse bedrijfsfunctionarissen gebruiken voor hun privé-documenten en noodvoorraadjes *eau de cologne*.

Hij bestelde een glas champagne en liet ons wat babymeloentjes zien, niet groter dan appels, die hij net op de markt had gekocht. Die moesten worden leeggeschept, begoten met een vruchtenlikeur van druivesap en cognac, en vierentwintig uur in de koelkast staan. Dan zouden ze, aldus verzekerde Régis ons, smaken als de lippen van een jong meisje. Ik had nog nooit op die manier aan meloenen gedacht, maar ik weet dat maar aan de hiaten in mijn Engelse opvoeding.

Met een laatste liefkozend kneepje in hun groene kontjes legde Régis de meloenen in de mand terug en richtte zijn aandacht op de bezigheden van de dag.

'We gaan naar Hiély,' zei hij, 'hier net de hoek om in de Rue de la République. Pierre Hiély is een ware keukenprins. Hij staat al zo'n twintig, vijfentwintig jaar achter het fornuis en hij is een wonder. Nog nooit een teleurstellende maaltijd gehad.' Régis bewoog zijn vinger voor onze neuzen heen en weer. '*Jamais!*'

Op een klein ingelijst menu bij de ingang na doet Hiély geen pogingen de voorbijganger naar binnen te lokken. De smalle deur geeft toegang tot een smalle gang, en het restaurant ligt op de eerste verdieping. Het is een grote ruimte met een fraaie in visgraatmotief gelegde parketvloer, in sobere tinten aangekleed, met de tafeltjes op plezierige afstand van elkaar. Hier wordt, zoals in de meeste goede Franse restaurants, de klant die in zijn eentje komt eten even goed behandeld als een gezelschap van een half dozijn. Eenmanstafeltjes zitten niet in een dode hoek weggepropt als iets waar pas in laatste instantie aan gedacht is, maar in alkoofjes met een raam dat op de straat uitkijkt. Deze waren al bezet door mannen in pakken, naar aan te nemen viel plaatselijke zakenlieden die binnen een miezerige twee uur hun lunch naar binnen moesten werken alvorens naar kantoor terug te gaan. De andere klanten, allen Fransen, waren minder formeel gekleed.

Ik herinnerde me dat mij eens in Somerset de toegang was ontzegd tot een restaurant met veel toeters en bellen omdat ik geen das omhad, iets wat mij in Frankrijk nooit overkomen is. En hier werd Régis, die in zijn joggingpak wel een vluchteling uit de gymnastiekzaal van de Weight Watchers leek, als een koning door Madame verwelkomd toen hij zijn boodschappenmandje in bewaring gaf en vroeg of Monsieur Hiély in vorm was. Madame veroorloofde zich een glimlach. '*Oui, comme toujours.*'

Régis straalde en wreef zich in de handen toen we naar ons tafeltje werden geleid en snoof de lucht op om te zien of hij al enige aanduiding kon opvangen van wat er komen ging. In een van zijn andere lievelingsrestaurants, zei hij, mocht hij van de chef in de keuken komen, en dan sloot hij daar zijn ogen en liet zijn neus de keuze van zijn maaltijd bepalen.

Hij stopte zijn servet in onder zijn kin en mompelde de kelner iets toe. '*Un grand?*' zei de kelner. '*Un grand,*' zei Régis, en zestig seconden later werd er een grote glazen kan, beslagen door de koude, voor ons neergezet. Régis' manier van doen kreeg iets belerends; ons college ging een aanvang nemen. 'In een restaurant dat zichzelf serieus neemt,' zei hij, 'kun je altijd vertrouwen in de huiswijn hebben. Dit is een Côtes-du-Rhône. *Santé.*' Hij nam een kolossale mondvol en kauwde er enkele seconden op alvorens met een zucht uiting aan zijn tevredenheid te geven.

'*Bon.* Mag ik jullie nu wat advies geven wat het menu betreft? Zoals jullie zien is er een *dégustation* die verrukkelijk is, maar misschien een beetje te uitgebreid voor een eenvoudige lunch. Er is een heel goede keus *à la carte.* Maar we moeten niet vergeten waarom we hier zijn.' Hij keek ons over zijn wijnglas aan. 'Hier kunnen jullie de *rapport qualité-prix* uitproberen. Iedere goede kok kan je behoorlijk te eten geven voor vijfhonderd franc per persoon. Wat we gaan uitproberen is hoe goed je kunt eten voor minder dan de helft, en dus stel ik het korte menu voor. *D'accord?*'

We waren *d'accord.* Het korte menu was al voldoende om een inspecteur van de *Guide Michelin* het water

in de mond te doen lopen, dus twee Engelse amateurs
als wij al helemaal. Met enige moeite stelden we onze
keuze vast terwijl Régis zachtjes zat te neuriën boven
de wijnkaart. Hij wenkte de kelner voor een tweede
eerbiedige uitwisseling van gedempt gemompel.

'Ik doorbreek mijn eigen regel,' zei Régis. 'Op de
rode huiswijn is vanzelfsprekend niets aan te merken.
Maar hier,' hij tikte met zijn vinger op de bladzijde
voor hem, 'hier hebben we een klein juweel, *pas cher*,
van de Domaine de Trévallon, ten noorden van Aix.
Niet te zwaar, maar met het karakter van een grote
wijn. U zult het zien.'

Terwijl de ene kelner naar de kelder vertrok, verscheen de tweede met een snack om ons bezig te houden tot de eerste gang klaar was – kleine ramequin-
bakjes, elk gevuld met een romige *brandade* van kabeljauw, met een piepklein, volmaakt gebakken kwartelei
er bovenop en gegarneerd met zwarte olijven. Régis
was stil van de concentratie, en ik kon het vochtig pie-
pen horen van kurken die voorzichtig uit flessehalzen
werden losgetrokken, de gedempte stemmen van kelners en het zachte tikken van messen en vorken tegen
dunne porseleinen borden.

Régis veegde zijn bakje schoon met een stukje
brood – hij gebruikte brood bij wijze van hulpwerktuig
om voedsel naar zijn vork te brengen – en schonk nog
wat wijn in. '*Ça commence bien, eh?*'

En de lunch zette zich voort zoals hij begonnen was,
bien. Een plak *foie gras* in een dikke maar verfijnde saus
van wilde paddestoelen en asperges werd gevolgd door
zelfgemaakte worstjes van Sisteron-lamsvlees en salie
met een *confiture* van zoete rode uitjes, en, in een aparte

– 122 –

platte schotel, 'n *pomme gratin* die niet dikker was dan mijn servet, een flinterdunne knapperige plak die smolt op je tong.

Nu zijn eerste honger gestild was, was Régis in staat het gesprek te hervatten, en hij vertelde ons over een literair project dat hij in gedachten had. Hij had in de krant gelezen dat er tijdens het festival in Avignon een internationaal centrum voor onderzoek naar alle materiaal betreffende de Marquis de Sade zou worden geopend. Er zou ook een opera ter ere van *le divin marquis* worden opgevoerd, en een champagne naar hem genoemd. Deze evenementen wezen op een herleving van de publieke belangstelling voor het oude monster en zoals Régis opmerkte, moeten zelfs sadisten eten. Zijn idee was nu hen hun allereigenste recepten aan te bieden.

'Ik noem het boek *Cuisine Sadique: The Marquis de Sade's Cookbook*,' zei hij, 'en alle ingrediënten zullen platgeslagen, opgeklopt, met touwtjes omwonden, fijngestampt of geschroeid zijn. Er zullen bij de beschrijvingen veel woorden gebruikt worden die je met pijn associeert en dus wordt het in Duitsland zeker een *succès fou*. Maar jullie moeten me raad geven hoe dat voor Engeland zit.' Hij boog zich naar ons toe en zijn stem kreeg een vertrouwelijke klank. 'Is het waar dat alle mannen die naar Engelse kostscholen zijn geweest wel houden van *...comment dirais-je...* een beetje straf?' Hij nam een teugje van zijn wijn en trok zijn wenkbrauwen op. '*Le spanking, non?*'

Ik zei dat hij een uitgever moest zien te vinden die op Eton was geweest, en een recept bedenken waar *flogging* aan te pas kwam.

'*Qu'est-ce que ça veut dire, flogging?*'

Ik legde het zo goed mogelijk uit, en Régis knikte. '*Ah, oui.* Misschien zou men flogging kunnen doen met een kippeborst, met een heel scherpe citroensaus. *Très bien.*' Hij maakte in een klein net handschrift aantekeningen op de achterkant van zijn chequeboek. '*Un bestseller, c'est certain.*'

De bestseller werd opzij geschoven terwijl Régis ons meenam op een rondleiding langs de kaassoorten op de trolley, waarbij hij *en route* dikwijls halt hield om ons en de kelner het een en ander bij te brengen over het juiste evenwicht tussen hard en zacht, *piquant* en *doux*, jong en oud. Hij koos er vijf uit de twintig of meer soorten die er waren, en feliciteerde zichzelf dat hij zo'n vooruitziende blik had gehad om een tweede fles Trévallon voor ons apart te laten zetten.

Ik beet in een sterk gepeperd geitekaasje, en voelde de transpiratie prikken op mijn neusbrug, onder mijn bril. De wijn gleed omlaag als vloeibare zijde. Het was een fantastische maaltijd geweest, bevredigend in alle opzichten, met vlotte efficiëntie opgediend door zeer professionele kelners. Ik zei Régis hoezeer ik ervan genoten had, en hij keek me verbaasd aan.

'Maar we zijn nog niet klaar. Er komt nog meer.' Een bord piepkleine schuimpjes werd op tafel neergezet. 'Ah,' zei hij, 'die zijn om ons op het dessert voor te bereiden. Ze smaken als wolkjes.' Hij at er twee snel achter elkaar, en keek achterom om zich ervan te vergewissen dat de kelner met de desserts ons niet vergeten was.

Nu werd een tweede wagentje, groter en zwaarder beladen dan de trolley met de kaas, voorzichtig naar ons tafeltje gerold en voor ons geparkeerd. Het zou iedereen met gewichtsproblemen het verstand hebben doen verliezen: kommen verse room en *fromage blanc*, getruffeerde chocoladecake met nog meer chocola eroverheen, gebakjes, *vacherins*, in rum gedrenkte *babas*, vruchtentaartjes, sorbets, *fraises de bois*, vruchten op siroop – Régis kon het allemaal niet zittend verwerken, en dus stond hij op en sloop om het wagentje heen om te controleren of zich niet nog iets achter de verse frambozen verstopt hield.

Mijn vrouw koos ijs bereid met ter plaatse gewonnen honing, en de kelner pakte een lepel uit de pot heet water, en schepte het ijs met een sierlijke draai van de pols uit de schaal. Hij bleef met het bordje en de lepel in zijn handen klaar staan voor verdere instructies. '*Avec ça?*'

'*C'est tout, merci.*'

Régis vergoedde mijn vrouws matigheid met wat hij een selectie uit de diverse soorten noemde: chocola, gebak, fruit en room – en duwde de mouwen van zijn joggingpak tot boven zijn ellebogen op. Zelfs hem begon het tempo op te breken.

Ik bestelde koffie. Er volgde een ogenblik van geschokt stilzwijgen waarin Régis en de kelner me aanstaarden.

'*Pas de dessert?*' vroeg de kelner.

'Het hoort bij het menu,' zei Régis.

Ze leken allebei ongerust, alsof ik plotseling ziek geworden was, maar het mocht niet baten. Hiély had gewonnen met een knock-out.

De rekening bedroeg 230 franc per persoon, met wijn. Het was verbluffend veel waar voor ons geld.

Voor 280 franc hadden we het uitgebreide *menu dégustation* kunnen hebben. Volgende keer misschien, zei Régis. Ja, een volgende keer misschien, na drie dagen vasten en een wandeling van vijftien kilometer.

De tweede helft van de cursus gastronomie werd enige tijd uitgesteld, om Régis gelegenheid te geven zijn jaarlijkse kuur te volgen. Twee weken lang at hij matig – maaltijden bestaande uit drie in plaats van de gebruikelijke vijf gangen – en weekte zijn lever in mineraalwater. Dit was essentieel voor de verjonging van zijn spijsverteringsapparaat.

Om het einde van het *régime* te vieren, stelde hij een lunch voor in een restaurant dat *Le Bec Fin* heette, en zei me hem daar niet later dan kwart voor twaalf te ontmoeten, zodat we zeker konden zijn van een tafeltje. Ik moest het gemakkelijk genoeg kunnen vinden, zei hij. Het lag aan de RN 7 in Orgon, en het was te herkennen aan het grote aantal vrachtwagens op het parkeerterrein. Ik zou geen jasje hoeven dragen. Mijn vrouw was in de hitte verstandiger dan ik en besloot thuis te blijven en het zwembad te bewaken.

Toen ik arriveerde was het restaurant compleet ingesloten door vrachtwagens, waarvan sommige met de cabine tegen een boomstam stonden aangedrukt om van de flintertjes schaduw te kunnen profiteren. Een half dozijn opleggers was kop aan staart op de harde berm aan de overkant van de weg neergezet. Eén laatkomer zwierde de weg af, perste zich op een smalle strook grond vlak naast de eetzaal, en kwam met een hydraulisch gesis van opluchting tot stilstand. De chauffeur bleef een ogenblik in de zon staan en rekte zijn rug, waarbij de lijn van zijn zich achterover welvende ruggegraat zich exact herhaalde in de royale bolling van zijn maag.

In de bar was het druk en lawaaierig; grote mannen, grote snorren, grote buiken, luide stemmen. Régis, die met een glas in een hoek stond, zag er bij de anderen vergeleken bijna elegant en slank uit. Hij was op juli gekleed, in een kort sportbroekje en een mouwloos hemd, de lus van zijn polstasje om zijn ene pols.

'*Salut!*' Hij werkte zijn restje *pastis* weg en bestelde er nog twee. '*C'est autre chose, eh? Pas comme Hiély.*'

Het had nauwelijks minder op Hiély kunnen lijken. Achter de bar die nog vochtig was van de vaatdoek die Madame met grote vegen hanteerde, hing een bordje waarop stond *DANGER! RISQUE D'ENGUEULADE!* – pas op of je krijgt een grote bek. Door de open deur die naar het toilet leidde zag ik nog een bordje: Douche, *8 francs*. Vanuit een onzichtbare keuken stegen het gerammel van pannen en de prikkelende geuren van sudderende knoflook op.

Ik vroeg Régis hoe hij zich voelde na zijn periode van zelf opgelegde onthouding, en hij draaide zich een kwartslag van me af om me trots zijn buik *en profil* te laten zien. Madame achter de bar keek op terwijl ze met een houten spatel het schuim van een glas bier veegde. Ze keek keurend naar de lange curve die net onder Régis' borstkas begon en eindigde in een bult die over de tailleband van zijn sportbroekje hing. 'Wanneer moet het komen?' vroeg ze.

We liepen door naar de eetzaal en vonden achterin een leeg tafeltje. Een kleine donkere vrouw met een aardige glimlach en een ongedisciplineerd zwart bh-bandje dat al haar correctiepogingen weerstond kwam ons de huisregels meedelen. Voor de eerste gang moesten we onszelf bedienen bij het buffet, en daarna konden we kiezen uit rundvlees, calamari of *poulet fermier*. De wijnkaart was beperkt – rood of *rosé*, in een literfles met een plastic dop, met een kom ijsblokjes erbij. De serveerster wenste ons *bon appétit*, maakte een kleine knicks die bijna een revérence was, hees haar bh-bandje op, en draafde weg met onze bestelling.

Régis trok de wijnfles pseudo-plechtig open, en rook aan de dop. 'Uit de Var,' zei hij, '*sans prétention, mais honnête.*' Hij nam een slokje en liet dat langzaam tussen zijn voortanden door naar binnen stromen. '*Il est bon.*'

We sloten ons aan bij de rij truckers bij het buffet. Ze bereikten kleine wonderen van balanceerkunst en stapelden hun borden vol met een verscheidenheid aan spijzen die op zich al een maaltijd vormden: twee soorten *saucisson*, hardgekookte eieren in mayonaise, vochtige kluwens *céleri rémoulade*, saffraankleurige rijst met rode pepers, minuscule erwtjes en plakjes wortel, een varkens*terrine* met een korst van bladerdeeg, *rillettes*, koude pijlinktvis, partjes verse meloen. Régis mopperde over de grootte van de borden, en pakte er twee, waarbij hij de tweede met de handigheid van een kelner op de binnenkant van zijn onderarm liet rusten terwijl hij de dienschalen stuk voor stuk leeg begon te plunderen.

Er was een ogenblik van paniek toen we bij ons tafeltje terugkwamen. Er viel niet aan te denken dat we konden gaan eten zonder dat er brood op tafel stond. Waar was het brood? Régis ving de blik van onze serveerster en bracht een hand naar zijn mond en maakte bijtende bewegingen met zijn aaneengesloten vingers tegen zijn duim. Ze trok een *baguette* uit een bruine papieren zak die in de hoek stond en haalde het brood door de guillotine met een snelheid die me deed huiveren. De ronde sneetjes brood waren nog bezig terug te veren na de druk van het mes toen ze voor ons neer werden gezet.

Ik zei tegen Régis dat hij de broodguillotine misschien wel in zijn Marquis de Sade-kookboek kon gebruiken, en hij hield een ogenblik halt halverwege zijn *saucisson*.

'*Peut-être,*' zei hij, 'maar je moet toch wel oppassen, vooral met de Amerikaanse markt. Heb je dat gehoord van die problemen met die champagne?'

Naar het scheen, zo had Régis in een kranteartikel gelezen, was de champagne van de Marquis de Sade niet welkom geweest in het land der vrijen, vanwege het etiket, dat opgesierd werd door een tekening van de bovenste helft van een welgeschapen jongedame. Dit was misschien geen probleem geweest als niet een met een scherpe blik uitgeruste bewaker van de openbare zeden de positie van de armen van de jonge vrouw was opgevallen. Het werd niet duidelijk gemaakt, niet op het etiket zelf afgebeeld, maar toch was er een zweem van suggestie dat de armen konden zijn *vastgebonden.*

Oh là là. Stel je toch eens voor wat het effect van een dergelijke perversiteit op de jeugd van het land kon zijn, om het over de meer ontvankelijke volwassenen nog maar niet te hebben. De hele structuur van de samenleving zou worden ontwricht, en er zouden

champagne-en-sm-feestjes zijn vanaf Santa Barbara
tot aan Boston. En God alleen mocht weten wat er allemaal niet kon gebeuren in Connecticut.

Régis at verder, zijn papieren servetje boven in zijn
hemd ingestopt. Aan het tafeltje naast ons knoopte
een man die aan zijn tweede gang bezig was zijn overhemd los om de lucht om zich heen te laten circuleren,
en onthulde een ontzagwekkend mahoniekleurig *embonpoint*, waarboven een gouden kruisje netjes midden
tussen pluizig behaarde borsten bengelde. Heel weinig
gasten aten met lange tanden, en ik vroeg me af hoe ze
erin zouden slagen de hele middag wakker te blijven
achter het stuurwiel van een vijftigtons truck.

We veegden onze lege borden af met brood, en
daarna ook onze messen en vorken. Onze serveerster
kwam met drie ovale schalen van roestvrij staal, gloei-
end heet. Op de eerste lagen twee halve kippen in jus;
op de tweede met knoflook en peterselie gevulde tomaten, op de derde kleine aardappeltjes die met kruiden waren gebakken. Régis snuffelde overal aan alvorens mij te bedienen.

'Wat eten de *routiers* in Engeland?'

Twee eieren, spek, frites, worstjes, bonen in toma-
tensaus, een gebakken plak van het een of ander, en
een halve liter thee.

'Geen wijn? Geen kaas? Geen dessert?'

Ik dacht het niet, ofschoon mijn ervaring met *routiers*
uiterst beperkt was geweest. Ik zei dat ze misschien wel
eens bij een pub aangingen, maar dat de wettelijke
voorschriften betreffende rijden en drinken zeer
streng waren.

Régis schonk ons nog wat wijn in. 'Hier in Frankrijk,' zei hij, 'mag je naar mij verteld is een *apéritif*, een halve fles wijn, en een *digestif* drinken.'

Ik zei dat ik ergens gelezen had dat het aantal ongevallen in Frankrijk hoger was dan waar ook in Europa, en tweemaal zo hoog als in Amerika.

'Dat heeft niets met alcohol te maken,' zei Régis. 'Het is een kwestie van nationale *esprit*. Wij zijn ongeduldige mensen, en we zijn dol op snelheid. *Malheureusement*, zijn we niet allemaal goede chauffeurs.' Hij dweilde zijn bord schoon en bracht het gesprek op een minder riskant onderwerp.

'Dit is een kip van goede kwaliteit, vind je niet?' Hij pakte een botje van zijn bord en beproefde de stevigheid ervan tussen zijn tanden. 'Goede sterke botten. Deze is op de juiste manier grootgebracht, in de buitenlucht. De botten van een batterijkip zijn net papiermaché.'

Het was inderdaad een uitstekende kip, stevig maar mals, en perfect klaargemaakt, net zoals de aardappeltjes en de knoflooktomaten. Ik zei dat ik verbaasd stond, niet alleen over de kwaliteit van de keuken, maar ook over de overvloedige porties. En het zou ons hier ook vast geen rib uit ons lijf kosten.

Régis veegde opnieuw zijn mes en vork schoon, en wenkte de serveerster om met de kaas te komen.

'Het ligt heel simpel,' zei hij. 'De *routier* is een goede klant. Heel trouw. Hij zal altijd vijftig kilometer omrijden om goed te kunnen eten voor een behoorlijke prijs, en hij zal ook andere *routiers* vertellen dat het restaurant een omweg waard is. Zolang het niveau gehandhaafd blijft zullen er nooit lege tafeltjes zijn.'

Hij wuifde met een vork met een groot stuk Brie eraan de eetzaal rond. '*Tu vois?*'

Ik keek om me heen, en raakte al snel de tel kwijt, maar er moeten wel tegen de honderd man hebben zitten eten, en in de bar waren er misschien nog eens dertig.

'De zaak loopt goed. Maar als de chef schrieperig wordt, of begint te knoeien, of de bediening te traag wordt, dan gaan de *routiers* ergens anders heen. Dan zit er hier binnen een maand niemand meer, alleen nog een paar toeristen.'

Buiten klonk een luid gedaver, en zonlicht kwam het vertrek binnenvallen toen de vrachtwagen weg- reed van zijn parkeerplaatsje vlak naast het raam. Onze buurman met de crucifix om zijn hals zette zijn zonnebril op om zijn dessert te nuttigen, drie verschil- lende soorten roomijs in een kom.

'*Glaces, crème caramel ou flan?*' Het zwarte bh-bandje werd opgehesen, alleen om weer omlaag te komen glibberen toen de serveerster onze tafel afruimde.

Régis at zijn *crème caramel* met zachte slobbergeluid- jes van genot, en reikte naar de portie roomijs die hij voor mij besteld had. Ik zou nooit deugen als *routier*. Ik had er de capaciteiten niet voor.

Het was nog vroeg, nog ruim voor tweeën, en het vertrek begon leeg te lopen. Rekeningen werden be- taald – reusachtige vingers openden nuffige kleine beursjes om er zorgvuldig opgevouwen biljetten uit te halen en de serveerster knickste en glimlachte en zoef- de heen en weer om wisselgeld te halen en wenste de mannen *bonne route*.

We kregen extra sterke koffie, zwart en kokendheet onder schuim van bruine bubbeltjes, en Calvados in kleine bolle glaasjes. Régis hield zijn glas scheef tot de ronde zijkant de tafel raakte en het gouden vocht precies tot aan de rand kwam – de oude manier, zei hij, om te controleren of de juiste maat was ingeschonken.

De rekening voor ons beiden bedroeg honderd-veertig franc. Net als onze lunch bij Hiély was het eten het geld meer dan waard geweest, en toen we naar buiten gingen en de zonnehitte ons trof als een hamerslag, was er maar één ding dat me speet. Als ik een handdoek had meegenomen had ik een douche kunnen nemen.

'Nou,' zei Régis, 'dit houdt me wel tot vanavond op de been.' We drukten elkaar de hand, en hij dreigde me met een *bouillabaisse* in Marseille op ons volgend educatief uitstapje.

Ik ging de bar weer in voor nog een koffie, en om te zien of ik een handdoek kon huren.

– 10 –
Sport en mode bij de hondententoonstelling in Ménerbes

Het 'stadion' van Ménerbes, een vlak stuk veld tussen de wijnstokken, is normaliter het toneel van luidruchtige en met grote geestdrift gespeelde wedstrijden van het voetbalelftal van het dorp. Dan staat er misschien een dozijn auto's onder de dennen geparkeerd, en de supporters verdelen hun aandacht tussen het spel en hun overvloedige picknicks. Maar één dag per jaar, gewoonlijk de tweede zondag in juni, ondergaat het *stade* een gedaanteverwisseling. Over de bospaadjes wordt vlaggelint gespannen in de Provençaalse bloed- en darmenkleuren: rood en geel. Een overwoekerd dalletje wordt geschoond om extra parkeerruimte te verkrijgen, en langs de weg wordt een scherm van *canisse* neergezet zodat voorbijgangers het feest niet kunnen gadeslaan zonder hun toegang van vijftien franc te betalen. Want dit is tenslotte een grote plaatselijke gebeurtenis, een mengeling van Cruft's en Ascot, de *Foire aux Chiens de Ménerbes.*

Dit jaar begon ze vroeg en met veel gerucht. Net na zevenen openden we de deuren en luiken, ons verlustigend in de ene ochtend per week dat de tractor van de buurman in bed blijft. Vogels zongen, de zon scheen, in de vallei was alles stil. Rust, volmaakte rust.

En toen begon een kleine kilometer van ons vandaan aan de andere kant van de heuvel de *chef d'animation* zijn luidspreker uit te proberen, met een snerpend elektronisch gepiep dat heen en weer stuiterde tussen de bergwanden en de halve Lubéron moet hebben gewekt.

'*Allo allo, un, deux, trois, bonjour Ménerbes!*' Hij wachtte even om te hoesten. Het klonk als een lawine. '*Bon,*' zei hij, '*ça marche.*' Hij zette het volume een trapje lager en schakelde over op radio Monte Carlo. Die rustige morgen konden we wel vergeten.

We hadden besloten niet voor de middag naar de show toe te gaan. Dan zouden de voorronden achter de rug zijn, de bastaarden en honden van twijfelachtig allooi zijn weggeselecteerd, allen een goede lunch hebben genoten en de beste neuzen in de professie gereed zijn de strijd aan te binden bij de veldproeven.

Klokke twaalf viel de luidspreker stil en werd het achtergrondgeblaf teruggebracht tot de enkele jammerklacht van een jachthond die uitdrukking gaf aan zijn onbeantwoord liefdesverlangen of zijn verveling. Anderszins heerste stilte in de vallei. Twee uur lang moesten honden en ook alle andere zaken wijken voor de belangen van de maag.

'*Tout le monde a bien mangé?*' loeide de luidspreker. De microfoon verduizendvoudigde het geluid van een half onderdrukt boertje. '*Bon. Alors, on recommence.*' We begaven ons op weg over het pad dat naar de *stade* voert.

Een lommerrijke open ruimte boven het parkeerterrein was in beslag genomen door een elitegroepje handelaren die specialistisch geschoolde rassen, of hy-

bridevormen, te koop aanboden: honden met bepaalde waardevolle vermogens – opspoorders van de wilde *sangliers*, konijnejagers, kwartel- en houtduifdetec-
tors. Ze lagen als een levend collier onder de bomen
aan de ketting en trokken met hun poten in hun slaap.
De eigenaars zagen eruit als zigeuners: slanke, donkere mannen door wier dikke zwarte snorren heen gouden tanden glinsterden.

Een van hen zag mijn vrouw bewonderend kijken
naar een zwartbruin exemplaar vol rimpels dat zich
loom achter zijn oor zat te krabben met een gigantische zwarte achterpoot. '*Il est beau, eh?*' zei de eigenaar
en liet zijn tanden naar ons flitsen. Hij bukte zich en
pakte een handvol los vel achter de kop van het beest
beet. 'Hij wordt in zijn eigen *sac à main* geleverd. U
kunt hem zo naar huis dragen.' De hond sloeg zijn
ogen ten hemel, als berustend in het feit dat hij met
een ettelijke maten te groot vel was geboren, en zijn
poot bleef halverwege de krab steken. Mijn vrouw
schudde haar hoofd. 'We hebben al drie honden.' De
man haalde zijn schouders op en liet de huid in zware
plooien terugvallen. 'Drie, vier – wat maakt het uit?'

Iets verderop langs het karrespoor verkreeg de ver-
kooppresentatie meer allure. Boven op een van triplex
en kippegaas gemaakt hok kondigde een kaart in druk-
letters aan: *Fox-terrier, imbattable aux lapins et aux truffes.
Un vrai champion.* De kampioen, een kleine, gezette,
bruin met witte hond, lag op zijn rug te snurken met
alle vier zijn korte pootjes in de lucht. We vertraagden
nauwelijks onze pas, maar voor de eigenaar was het
genoeg. '*Il est beau, eh?*' Hij maakte de hond wakker en
tilde hem uit het hok. '*Regardez!*' Hij zette de hond neer

en pakte een schijfje worst van het emaille bordje dat naast de lege wijnfles op de kap van zijn bestelautootje stond.

'*Chose extraordinaire,*' zei hij. 'Wanneer deze honden eten laten ze zich door niets afleiden. Ze worden *rigide*. Als je dan hun kop neerdrukt gaan hun achterpoten de lucht in.' Hij legde het stukje worst op de grond, schoof er bladeren overheen en liet de hond ernaar wroeten, zette vervolgens zijn voet achter op de kop van het dier en drukte die omlaag. De hond grauwde en beet hem in zijn enkel. We liepen door.

De *stade* was nog aan het bijkomen van de lunch; de klaptafeltjes onder de bomen stonden nog overdekt met restjes voedsel en lege glazen. Een spaniel had het voor elkaar gekregen op een van de tafeltjes te klimmen en dat af te ruimen, en lag te slapen met zijn kin op een bord. Het publiek bewoog zich met de traagheid die ontspruit aan een volle buik en een hete dag en bekeek zich tussen de tanden peuterend wat de plaatselijke wapenhandelaar te bieden had.

Op een lange schraagtafel lagen dertig of veertig geweren netjes op een rij uitgestald, waaronder ook een sensationeel nieuwigheidje dat veel belangstelling wekte. Het was een matzwart luchtdruk riot gun. Als er ooit een massale opstand van bloeddorstige en moordzuchtige konijnen in het bos zou zijn dan was dit zonder twijfel de machine die men hebben moest om ze in bedwang te houden. Maar sommige andere voorwerpen stelden ons voor raadselen. Wat moest een jager met koperen boksbeugels en scherp geslepen stalen werpsterren die, naar een met de hand geschreven kaartje verklaarde, door de Japanse Ninja werden

toegepast? Het was een uitstalling die heftig contrasteerde met de rubberbotten en piepende speeltjes
die bij Engelse hondenshows te koop worden aangeboden.

Wanneer honden en hun baasjes zich *en masse* ver-
zamelen, vind je altijd wel levende bewijzen voor de
theorie dat ze uiteindelijk op elkaar gaan lijken. In andere delen van de wereld kan dit zich tot fysieke trek-
jes beperken – dames met Basset hounds met net zulke
hangwangen, mannetjes met pluizige bakkebaarden
en borstelige wenkbrauwen met bijpassende Schotse
terriers, broodmagere ex-jockeys met hun whippets.
Maar waar Frankrijk nu eenmaal Frankrijk is lijkt hier
opzettelijk moeite te worden gedaan de gelijkenis nog
te onderstrepen middels beider aankleding, door *en-
sembles* te kiezen waardoor de hond en eigenaar tot
twee pakken van hetzelfde laken worden.

Bij het *Concours d'Élégance* van Ménerbes waren twee
duidelijke winnaars, of liever twee duidelijke stellen
die elkaar perfect aanvulden en zichtbaar zeer ingeno-
men waren met de aandacht die ze onder de minder
modegevoelige toeschouwers trokken. Bij de dames
bewoog een blondine in een witte overhemdblouse,
witte shorts, witte cowboylaarzen en een wit miniatuurpoedeltje aan een wit riempje zich omzichtig door
het stof naar de bar om daar met omhoog gestoken
pink aan een Orangina te gaan nippen. De dames van
het dorp die verstandig waren aangekleed in een rok
en platte schoenen bekeken haar met dezelfde kritische belangstelling die ze gewoonlijk reserveren voor
de zijden spek bij de slager.

Onder de mannelijke mededingers werd de show

gestolen door een stevig gebouwde man met een tot zijn middel reikende Deense dog. De hond was glanzend gitzwart. De man droeg een strak zwart T-shirt, nog strakkere zwarte jeans en zwarte cowboylaarzen. De hond had een zware metalen ketting om in plaats van een halsband. De man droeg een ketting van welhaast kabeldikte, met een medaillon eraan dat bij elke stap tegen zijn borstbeen stuiterde, en een al even gewichtige armband. Ten gevolge van een of andere nalatigheid droeg de hond geen armband, maar bij het poseren op het open terrein vormden ze een zeer viriel koppel. De man deed alsof hij zijn dier met bruut geweld in bedwang moest houden en rukte voortdurend onder het uitstoten van gromgeluiden aan diens ketting. De hond, die precies even bedaard en rustig was als Deense doggen gewoonlijk zijn, had geen idee dat hij geacht werd zich kwaadaardig of ongedurig op te stellen, en hij bekeek kleinere honden die onder hem door liepen alleen met beleefde belangstelling.

Wij vroegen ons net af hoe lang het goede humeur van de Deense dog nog stand zou houden voordat hij een van de minihondjes opvrat die zich als vliegen om zijn achterpoten verdrongen, toen we werden besprongen door Monsieur Mathieu en zijn tombolalootjes. Voor een miezerige tien franc bood hij ons een kans een van de door de plaatselijke zakenlieden ter beschikking gestelde sportieve en gastronomische versnaperingen te winnen: een mountain bike, een magnetronoven, een geweer of een *maxi saucisson*. Ik sprak mijn opluchting uit dat er zich geen pups onder de prijzen bevonden. Monsieur Mathieu wierp me een olijk-sluwe blik toe. 'Je weet nooit wat er in de *saucisson* kan zitten,' zei hij. Hij zag de ontzetting op mijn vrouws gezicht en beklopte haar geruststellend. '*Non, non. Je rigole.*'

Er waren anders wel genoeg puppies ter bezichtiging aanwezig om een hele berg *saucissons* te kunnen maken. Ze lagen onder bijna elke boom in stapeltjes te slapen of dooreen te krioelen, op dekens, in kartonnen dozen, in zelfgemaakte rennetjes en op oude truien. Onze zelfbeheersing werd zwaar op de proef gesteld toen we van het ene pluizige veelpotige hoopje naar het volgende liepen. Mijn vrouw is uiterst gevoelig voor alles wat vier poten en een natte neus bezit, en de verkooptechnieken die de eigenaars erop nahielden waren volstrekt schaamteloos. Bij het minste teken van belangstelling plukten ze een hondje uit de stapel en drukten het haar in de armen, waar het dan prompt in slaap viel. '*Voilà! Comme il est content!*' Ik kon haar weerstand met de minuut zien afbrokkelen.

We werden gered doordat de luidspreker de expert aankondigde die het commentaar bij de veldproeven zou geven. Hij was in *tenue de chasse* – kaki pet, shirt en broek – en bezat een diepe van tabak doortrokken stem. Hij was niet gewend aan het spreken in een microfoon en aangezien hij een Provençaal was kon hij zijn handen niet stilhouden. Aldus kwam zijn uitleg in stukjes en brokjes doordat hij telkens behulpzaam met de microfoon de diverse delen van het veld aanwees, zodat zijn woorden op de wind verwoeien.

De deelnemers werden aan het ene eind opgesteld: een half dozijn pointers en twee modderkleurige honden van nimmer meer te achterhalen afstamming. Kleine bosjes kreupelhout waren op willekeurige wijze om het veld heen opgesteld. Dat waren de *bosquets* waarin het prooidier – een levende kwartel die de kwartelverkoper ter inspectie omhooghield – verstopt ging worden.

De microfoontechniek van de *chasseur* verbeterde voldoende om ons in staat te stellen hem te horen uitleggen dat de kwartel voor elke deelnemer aan de wedstrijd in een andere *bosquet* zou worden vastgebonden en dat hij niet door de honden zou worden doodgebeten (hij zou natuurlijk wel dood kunnen blijven van schrik). De honden zouden alleen maar aanwijzen waar hij zich schuilhield, en de hond die hem het snelste vond zou winnen.

De kwartel werd verstopt, en de eerste mededinger van zijn riem losgehaakt. Hij liep twee bosjes voorbij praktisch zonder eraan te snuffelen en toen hij nog meters van het derde af was verstarde hij plotseling en bleef staan.

'*Aha! Il est fort, ce chien,*' denderde de *chasseur*. De hond keek even op, afgeleid door het lawaai, alvorens verder op het bosje toe te lopen. Hij bewoog zich nu in slow motion voort, waarbij hij elke poot overdreven voorzichtig neerzette alvorens de volgende op te tillen, en zijn hals en kop naar het *bosquet* toe gestrekt hield, doelbewust voortschrijdend ondanks de bewonderende opmerkingen van de *chasseur* over zijn concentratie en elegante bewegingen.

Op een meter afstand van de van angst versteende kwartel bleef de hond doodstil staan met één voorpoot omhoog en kop, nek, rug en staart in één perfecte rechte lijn gestrekt.

'*Tiens! Bravo!*' zei de *chasseur*, en begon te klappen,

volstrekt vergetend dat hij een microfoon in zijn hand had. De eigenaar ging zijn hond halen, en ze keerden gezamenlijk op een triomfantelijk wedstrijddrafje naar het startpunt terug. De officiële tijdwaarneemster, een dame op hoge hakken in een ingewikkelde zwart-witte japon met fladderende panden, noteerde de prestatie van de hond op een klembord. De kwartelman stoof weg om de kwartel naar een ander *bosquet* over te planten, en de tweede deelnemer werd op weg gestuurd.

Hij liep onmiddellijk naar het zojuist door de kwartel ontruimde *bosquet* en bleef daar staan.

'*Beh oui*,' zei de *chasseur*, 'de lucht hangt er natuurlijk nog. Maar laten we nog even wachten.' We wachtten. De hond wachtte. Toen kreeg hij er genoeg van, en raakte mogelijk eveneens geïrriteerd er voor niets op uit te zijn gezonden. Hij hief zijn poot tegen het *bosquet* en liep naar zijn eigenaar terug.

De kwartelman verhuisde de onfortuinlijke kwartel naar een nieuwe schuilplaats, maar het moet een buitengewoon sterk riekende vogel zijn geweest, want hond na hond bleef bij het een of het andere verlaten bosje staan, met scheef gehouden kop en een poot in de lucht, alvorens uiteindelijk de pijp aan Maarten te geven. Een oude man die naast ons stond zette ons uiteen wat het probleem was. Men had, zei hij, de kwartel aan zijn leibandje van het ene *bosquet* naar het andere moeten laten lopen, zodat hij een reukspoor achterliet. Hoe kon men anders verwachten dat een hond hem vinden zou? Honden zijn niet *clairvoyant*. De oude man schudde zijn hoofd en maakte afkeurende klikgeluidjes met zijn tong tegen zijn tanden.

De laatste mededinger, een van de modderkleurige

honden, had tekenen van toenemende opwinding aan de dag gelegd bij het toekijken hoe de andere op de kwartel af werden gestuurd, en had staan janken en aan zijn riem staan rukken van ongeduld. Toen zijn beurt kwam werd duidelijk dat hij de regels van de wedstrijd niet helemaal begrepen had. Met volstrekt negeren van de kwartel en de *bosquets* rende hij het *stade* op volle snelheid rond alvorens de wijnvelden in te stormen, achtervolgd door zijn wild tierende baas. '*Oh là là*, zei de *chasseur*. '*Une locomotive. Tant pis.*'

Later, toen de zon ter kimme neeg en de schaduwen lengden, reikte Monsieur Dufour, de voorzitter van de jachtclub '*La Philosophe*', de prijzen uit alvorens zich met zijn collega's aan een gigantische paella te zetten. Lang na donker konden we nog de verre geluiden horen van gelach en tinkelende glazen, en ergens tussen de wijnstokken het geschreeuw van de man die zijn modderbruine hond zocht.

Net als in de Vogue

Misschien omdat hij nog herinneringen heeft aan zijn vroeger bestaan als dakloze, hongerige zwerver, grijpt Boy elke gelegenheid aan om ons zo welgevallig mogelijk te zijn. Hij brengt ons geschenken – een uit de boom gevallen vogelnestje, een wijnstokwortel, een half fijngekauwde espadrille die hij voor ons bewaard heeft, een bekvol struikgewas uit het bos – en deponeert die onder de eettafel, met een slonzige vrijgevigheid waarmee hij kennelijk meent onze affectie te zullen winnen. Hij draagt zijn steentje aan het huishoudelijk werk bij door een heel spoor van bladeren en stoffige pootafdrukken op de vloer achter te laten. Hij assisteert in de keuken door op te treden als verplaatsbare vuilnisbak voor eventueel van boven neerdalende brokjes van het een of ander. Hij is nooit meer dan enkele meters uit de buurt, in zijn wanhopig, lawaaierig, onhandig verlangen ons te behagen.

Zijn inspanningen om aardig te zijn richten zich niet alleen op ons, en hij heeft zijn eigen onorthodoxe maar goedbedoelde manier van bezoekers begroeten. Hij laat de tennisbal die hij normaliter aan een kant van zijn enorme bek bewaart, vallen en begraaft zijn al even enorme kop in het kruis van iedereen die door de deur komt. Het is zijn versie van de mannelijke hand-druk, en onze vrienden weten al niet meer beter. Ze praten gewoon door, en Boy trekt zich na het vervul-len van zijn sociale verplichtingen terug om op het dichtstbijzijnde paar voeten neer te ploffen.

De reacties op zijn begroeting vormen een min of meer accurate afspiegeling van de wisseling der sei-zoenen. In de winter, wanneer de bezoekers net als wij mensen zijn die het hele jaar door in de Lubéron wo-nen, wordt de kop in het kruis genegeerd dan wel be-klopt, worden bladeren en twijgjes van een oude cor-duroybroek afgeveegd, en de soepele beweging van het glas naar de mond zonder onderbreking voortge-zet. Wanneer in plaats hiervan onbeheerste schrik-reacties optreden, zoals geknoei met het drankje en geagiteerde pogingen de nieuwsgierige snuit van scho-ne witte kleding weg te duwen, dan weten we dat de zomer is gekomen, en daarmee de zomermensen.

Elk jaar zijn het er meer die voor de zon en het na-tuurschoon, van oudsher de grote trekpleisters, naar het zuiden komen, en nu worden ze door nog eens twee meer recente attracties aangelokt.

Het eerste dat hun komst in de hand werkt is van praktische aard: de Provence wordt elk jaar toeganke-lijker. Er is sprake van dat de TGV, de hogesnel-heidstrein vanuit Parijs, nog eens een half uur van zijn toch al snelle verbinding van vier uur met Avignon af gaat knabbelen. Het piepkleine vliegveldje net buiten de stad wordt uitgebreid, en zal zich zonder enige twij-fel Avignon International gaan noemen. Voor de vlieghaven van Marseille is een reusachtige groene re-plica van het Vrijheidsbeeld opgericht, ter aankondiging van rechtstreekse vluchten van en naar New York 2 x per week.

Terzelfder tijd is de Provence alweer en nogmaals 'ontdekt' – en niet alleen de Provence in het algemeen, maar de stadjes en dorpen waar we onze boodschappen doen, ons eten inslaan en de markten afstropen. De modewereld is op ons neergedaald.

Die bijbel van de Beautiful People, *Women's Wear Daily*, die in New York de juiste zoomhoogte, boezemomvang en oorbelgrootte bepaalt, heeft zich het afgelopen jaar St. Rémy en de Lubéron binnengewaagd. Sterk in de publieke belangstelling staande zomergasten werden gefotografeerd bij het knijpen in aubergines, het nippen aan hun *kirs*, het bewonderen van hun geknipte en geschoren cipressen en het zich in algemene zin genietend onttrekken aan hun normaal jachtig bestaan – wel gezamenlijk en met een fotograaf erbij, *bien sûr* – om zich te vermeien in de vreugden van het eenvoudig plattelandsbestaan.

In de Amerikaanse *Vogue*, met zijn geïmpregneerde parfumadvertenties het verstikkendst walmende tijdschrift ter wereld, zat een artikel over de Lubéron weggestopt tussen de horoscopen van Athena Starwoman en het laatste nieuws over de bistro's van Parijs. In de inleiding op het artikel werd de Lubéron beschreven als 'het geheime zuiden van Frankrijk' – een geheim dat twee regels standhield voordat het gebied eveneens beschreven werd als de meest modieuze streek van het land. Hoe die twee dingen zich met elkaar laten rijmen is iets wat alleen een goed van de tongriem gesneden redacteur zou kunnen uitleggen.

De uitgevers van de Franse *Vogue* waren natuurlijk

ook met het geheim bekend. Ze wisten er zelfs al enige tijd van, zoals ze de lezer duidelijk maakten in de inleiding op hún artikel. Ze begonnen met op hautaine blasétoon te verklaren: *le Lubéron, c'est fini*, wat gevolgd werd door enige denigrerende verdachtmakingen dat de streek bekakt, duur en in algehele zin *démodé* zou zijn.

Konden ze dat echt gemeend hebben? Nee, dat konden ze niet. Verre van *fini* te zijn trekt de Lubéron heel duidelijk nog steeds Parijzenaars en vreemdelingen, mensen die, volgens de *Vogue*, dikwijls *beroemd* zijn. (Hoe dikwijls? Eens per week? Tweemaal per week? Dat stond er niet bij.) En dan worden wij, de lezers, uitgenodigd voor een ontmoeting. Stap met ons hun besloten privé-wereld binnen, zegt de *Vogue*.

Weg alle beslotenheid. De volgende twaalf bladzijden worden we onthaald op foto's van de 'dikwijls beroemden' met hun kinderen, hun honden, hun tuin, hun vrienden en hun zwembad. Er is een kaartje bij – *le who's who* – waar je op ziet waar de sjieke leden van de Lubéronse samenleving, naar het schijnt zonder veel succes, proberen zich te verstoppen. Verstopt blijven is echter uitgesloten. Deze arme stakkers kunnen niet eens even gaan zwemmen of van hun drankje genieten zonder dat er een fotograaf uit de struiken te voorschijn springt om het ogenblik te vangen, ten gerieve van het lezerspubliek van de *Vogue*.

Tussen de foto's van kunstenaars, schrijvers, binnenhuisarchitecten, politici en grote bonzen staat die van een man die volgens het onderschrift alle huizen in het gebied kent en drie uitnodigingen voor een etentje tegelijk aanneemt. De lezer denkt dan misschien dat dit niet meer is dan het gevolg van een jeugd doorgebracht in behoeftige omstandigheden, of van een onverzadigbare hang naar *gigot en croûte*, maar zoiets is het niet. Onze man werkt. Hij is makelaar. Hij moet weten wie er op zoek is, wie er koopt en wie er verkoopt, en een gewone dag telt domweg niet genoeg diners om hem *au courant* te houden.

Een makelaar leidt in de Lubéron een hectisch bestaan, vooral nu de streek in de mode is. De prijzen van onroerend goed zijn even gigantisch toegenomen als een maag volgepropt met drie diners, en zelfs in de korte tijd dat wij hier wonen hebben we prijsstijgingen gezien die elke rede of elk geloof tarten. Vrienden van ons kregen een aardige oude ruïne met een half dak en een hectare of anderhalf land erbij voor drie miljoen franc. Andere vrienden besloten te gaan bouwen in plaats van verbouwen, en bleven een week in shocktoestand toen ze de schatting van de bouwkosten hoorden: vijf miljoen franc. Een huisje met mogelijkheden in een van de in trek zijnde dorpen? Eén miljoen franc.

Uiteraard zit het honorarium van de makelaar aan deze van nullen aan elkaar hangende prijzen gekoppeld, ofschoon het exacte percentage varieert. We hebben allerlei courtagebedragen gehoord, vanaf drie tot acht procent, soms door de verkoper en soms door de koper betaald.

Alles bij elkaar kan dit je een heel gerieflijk inkomen bezorgen. En voor de buitenstaander kan het ook een heel plezierige manier lijken om dat inkomen te verdienen; huizen bekijken is altijd interessant, en dikwijls zijn de kopers en verkopers dat ook (niet altijd even eerlijk of betrouwbaar, zoals we nog zullen zien, maar zelden saai). Als *métier* biedt het bestaan van makelaar in een populair gedeelte van de wereld in theorie stimulerende en lucratieve mogelijkheden om tussen de diners door de tijd te passeren.

Helaas zijn er ook problemen aan verbonden, en het eerste daarvan is wel de concurrentie. In de gele gids van de Vaucluse worden bijna zes bladzijden in beslag genomen door makelaars en hun advertenties – huizen met stijl, huizen met karakter, exclusieve huizen, kwaliteitshuizen, speciaal geselecteerde huizen, gegarandeerd bekoorlijke huizen – de huizenjager komt om in de keus, evenals voor raadselen te staan door de gebezigde terminologie. Wat is het verschil tussen karakter en stijl? Moet je afgaan op iets exclusiefs of iets speciaal geselecteerds? De enige manier om erachter te komen is om met je dromen en je budget bij een makelaarskantoor langs te gaan en een ochtend, een dag, een week te slijten tussen de *bastides*, de *mas*, de *maisons de charme*, en de witte raven die er op het ogenblik in de aanbieding zijn.

In de Lubéron is het vinden van een makelaar niet moeilijker dan het vinden van een slager. In vroeger tijden placht de *notaire* van het dorp degene te zijn die wist of *Mère* Bertrand haar oude boerderij van de hand deed, of of er door een recent sterfgeval een huis leeg en op de markt gekomen was. De functie van de *notaire* als verspieder op het gebied van de onroerendgoedhandel is nu grotendeels overgenomen door de makelaar, en praktisch elk dorp heeft er wel een. Ménerbes heeft er twee. Bonnieux heeft er drie. Het modieuzere Gordes had er bij de laatste telling vier. (In

Gordes hebben we eens de pure onverbloemde con-
currentiestrijd in volle gang gezien. Een mannetje van
een makelaarskantoor voorzag alle auto's die op het
Place du Château geparkeerd stonden van een recla-
mefolder. Hij werd op discrete afstand gevolgd door
een tweede mannetje van een ander makelaarskantoor dat de folders weer onder de ruitewissers vandaan haalde en door folders van zijn eigen kantoor
verving. Jammer genoeg moesten we weg voordat we
hadden kunnen zien of er nog een derde en vierde
makelaarsafgezant achter een muurtje hun beurt af-
wachtten.)

Zonder uitzondering zijn deze huizenverkopers
aanvankelijk innemend en hulpvaardig, en ze hebben
dossiers vol foto's van verrukkelijke woningen, waarvan er sommige zelfs een prijskaartje van minder dan
zeven cijfers dragen. Dit zijn onvermijdelijk altijd de
huizen die net verkocht zijn, maar er zijn nog andere
– molens, nonnenkloosters, schaapherdershutten, im-
posante *maisons de maître*, tuinhuisjes met torentjes erop
en boerderijen van elke vorm en grootte. Wat een
keuze! En dit is nog maar één makelaarskantoor.

Maar als je daarna bij een tweede of een derde makelaar langs zou gaan, zou je een duidelijk gevoel van
déjà vu kunnen ervaren. Veel van de te koop aangeboden onroerende goederen hebben iets bekends. De foto's zijn uit een andere hoek genomen, maar er valt
niet aan te twijfelen. Dit zijn dezelfde molens en nonnenkloosters en boerderijen die je in het vorige dossier
gezien hebt. En hiermee stuiten wij op het tweede probleem dat het leven van een makelaar in de Lubéron
vergalt: er is niet genoeg handel.

In de meeste delen van de Lubéron zijn de bouwvoorschriften en -beperkingen tamelijk streng, en men
houdt zich er ook min of meer aan, afgezien van de
boeren, die schijnen te kunnen bouwen zoveel ze willen. En dus is de toevoer van hetgeen makelaars onroerende goederen met *beaucoup d'allure* zouden noemen beperkt. Deze situatie brengt het jachtinstinct in
de makelaar naar boven, en er zijn er dan ook veel die
in de minder drukke wintermaanden dagen rondrij-
den met hun ogen en oren wijd open en gespitst op tekenen en geruchten dat er binnenkort een onontdekt
juweel op de markt zou kunnen komen. Is dat het geval, en is de makelaar er vlug bij en heeft hij voldoende
overredingskracht, dan bestaat de kans op een exclusieve verkoopafspraak en het volledig bedrag aan courtage. Wat er echter gewoonlijk gebeurt, is dat een verkoper twee of drie makelaarskantoren in de arm
neemt en het aan henzelf overlaat de delicate kwestie
van de verdeling van de courtage uit te vogelen.

Nog meer problemen. Wie heeft de klant aangebracht? Wie heeft er als eerste een bezichtiging geregeld? De makelaars kunnen dan wel genoodzaakt zijn
samen te werken, maar de concurrentiegeest wordt
ternauwernood verdoezeld, en ze komt door niets
sneller weer bovendrijven dan door een klein mis-
verstand betreffende de verdeling van de buit. Be-
schuldigingen en tegenbeschuldigingen, verhitte tele-
foongesprekken, scherpe opmerkingen over onethisch
gedrag – zelfs als laatste hulpmiddel een verzoek aan
de klant om als scheidsrechter op te treden – al deze
ongelukkige complicaties hebben bondgenootschap-
pen verstoord die met zulke hooggespannen verwach-

tingen begonnen waren. Dat is de reden waarom de *cher collègue* van gisteren in de *escroc* van vandaag kan veranderen. *C'est dommage, mais...*

Dan heeft de makelaar of de medewerker van het makelaarskantoor nog een ander, zwaarder kruis te dragen, en dat zijn de klanten, met hun onvoorspelbaar en dikwijls slinks gedrag. Waardoor verandert toch het ogenschijnlijk betrouwbaar en fatsoenlijk stekelbaarsje in een haai? Geld heeft er duidelijk een boel mee te maken, maar daar is ook het vastbesloten voornemen voordelig zaken te doen, tot het laatste ogenblik en tot aan de laatste gloeilamp te blijven afdingen, wat niet zozeer een kwestie is van francs en centimes als wel van het verlangen om te winnen, om de andere partij bij de onderhandelingen op de knieën te krijgen. En de makelaar zit ertussenin.

Het geharrewar over de prijs zal waarschijnlijk overal ter wereld hetzelfde zijn, maar in de Lubéron is sprake van een bijkomende plaatselijke complicatie die de wateren van de onderhandeling nog verder vertroebelt. In het grootste deel van de gevallen zijn de kopers Parijzenaars of buitenlanders, terwijl de aanstaande verkopers *paysans du coin* zijn. Er is een aanzienlijk verschil tussen de opstelling waarmee elk van beide partijen zakelijke onderhandelingen benadert, waardoor alle betrokkenen bij de transactie weken of maanden in een toestand van opperste ergernis kunnen blijven verkeren.

De landman kan moeilijk een ja accepteren. Als de prijs die hij voor zijn grootmoeders oude *mas* vraagt zonder tegensputteren of afdingen wordt geaccepteerd, komt het gruwelijk vermoeden bij hem op dat hij de tent te goedkoop van de hand doet. Dit zal hem de rest van zijn dagen dwars blijven zitten, en zijn vrouw zal hem eindeloos door blijven zagen over de betere prijs die een buurman voor *zijn* grootmoeders oude *mas* gekregen heeft. En dus bedenkt de verkoper zich, net wanneer de kopers denken gekocht te hebben. De zaak zal moeten worden herzien. De landman maakt een afspraak met de makelaar om bepaalde details nader toe te lichten.

Hij zegt tegen de makelaar dat hij misschien is vergeten aan te stippen dat een naast het landhuis liggend stuk grond – het stuk grond, dat zul je net zien, met de put in de hoek die zo ruimschoots in het benodigde water voorziet – niet bij de koopsom is inbegrepen. *Pas grande chose*, maar hij dacht het maar beter even te kunnen zeggen.

Ontsteltenis bij de kopers. Dat veld was zonder enige *twijfel* wel degelijk bij de koop inbegrepen. Het is zelfs het enige stuk van het terrein dat vlak genoeg is voor de tennisbaan. De boer wordt van hun verbijstering op de hoogte gesteld. Hij haalt zijn schouders op. Wat kunnen hem tennisbanen schelen? Niettemin, hij is een redelijk man. Het is een vruchtbaar en waardevol stuk grond, en hij zou zo'n kostbaar bezit heel ongaarne laten gaan, maar misschien wil hij een goed bod wel overwegen.

Kopers zijn gewoonlijk ongeduldig, en zitten krap in hun tijd. Ze werken in Parijs of Zürich of Londen, en ze kunnen niet elke vijf minuten naar de Lubéron komen om huizen te bekijken. De boer daarentegen heeft nooit haast. Hij gaat nergens heen. Als het huis of stuk grond dit jaar niet verkocht wordt, verhoogt hij de prijs en verkoopt hij het volgend jaar.

Het gesprek gaat heen en weer, en makelaar en kopers raken steeds meer geïrriteerd. Maar wanneer er uiteindelijk een overeenkomst gesloten wordt, wat gewoonlijk gebeurt, proberen de nieuwe eigenaars alle rancune achter zich te laten. Tenslotte is het een prachtig bezit, een *maison de rêve*, en om de koop te vieren besluiten ze er een dagje voor uit te trekken om de kamers door te lopen en hun plannen voor de voorgenomen veranderingen uit te stippelen.

Er blijkt echter iets niet in orde te zijn. Dat mooie oude gietijzeren bad met de klauwpoten is uit de badkamer verdwenen. De kopers bellen de makelaar. De makelaar belt de boer. Waar is de badkuip?

De badkuip? De badkuip van opoe zaliger? De badkuip die een familie-erfstuk is? Niemand zou toch zeker verwachten dat een zeldzaam voorwerp met zoveel sentimentele waarde bij het huis inbegrepen zou zijn? Niettemin, hij is een redelijk man, en hij zou misschien wel tot het overwegen van een goed bod over te halen zijn.

Het zijn dit soort voorvallen waardoor kopers zich met uiterste behoedzaamheid zijn gaan bewegen over het pad dat leidt naar de *acte de vente*, waardoor het huis officieel van hen zal zijn – en zich zelfs gaan gedragen met de omzichtigheid waarmee een rechtsgeleerde zich een opinie vormt. Er worden zelfs lijsten aangelegd van luiken en deurkloppers en aanrechten, van houtblokken in het hok en tegels op de vloer en bomen in de tuin. En tijdens één buitengewoon met wantrouwen beladen episode werden zelfs meervoudige lijsten als onvoldoende bescherming tegen afzetterij-op-hetlaatste-ogenblik beschouwd.

Aangezien de koper het ergste vreesde had hij een plaatselijke *huissier* in de arm genomen, ofwel een jurist die gemachtigd is tot het afnemen van eden. Deze moest de verkoper op een boven elke schaduw van wettelijke twijfel verheven wijze verplichten de w.c.-rolhouders achter te laten. Het is verleidelijk je die twee, de verkoper en de *huissier*, voor te stellen, zoals ze daar samen in de beperkte ruimte van de w.c. gepropt hebben gestaan om de formaliteiten af te kunnen wikkelen: 'Steek uw rechterhand omhoog en zeg mij na: ik zweer hierbij plechtig om de hierna omschreven voorzieningen intact en naar behoren functionerend achter te laten...' Je verstand staat er bij stil.

Ondanks deze en honderd andere obstakels blijven woningen en stukken grond verkocht worden voor prijzen die tien jaar geleden onvoorstelbaar zouden zijn geweest. Onlangs hoorde ik de Provence nog door een makelaar bejubeld worden als 'het Californië van Europa', niet alleen vanwege het klimaat, maar ook vanwege iets ondefinieerbaars en toch onweerstaanbaars dat oorspronkelijk in Californië uitgevonden was: de Levensstijl.

Voor zover ik uit kon maken, wordt die Levensstijl bereikt door een plattelandssamenleving te veranderen in een soort sjiek vakantiekamp, met zoveel mogelijk stedelijke voorzieningen en als er nog land over is een golfbaan. Als dit zich al in ons hoekje van de Provence voltrokken had, was mij dat in elk geval ontgaan, en dus vroeg ik de makelaar waar ik heen moest om te zien waar hij het over had. Waar was het dichtstbijzijnde centrum van de Levensstijl?

Hij keek me aan alsof ik me in een tijdskromme ver-
scholen had gehouden. 'Bent u de laatste tijd niet
meer in Gordes geweest?' zei hij.

Zestien jaar geleden zagen we Gordes voor het
eerst, en in een streek vol prachtige dorpjes was het
het spectaculairste en het prachtigste van allemaal geweest. Zoals het daar boven op een heuvel genesteld
lag was het honingkleurige dorp met zijn weidse uit-
zichten over de vlakten en de Lubéron wat makelaars
een juweel zouden noemen, een werkelijkheid geworden prentbriefkaart. Het had een Renaissance château, nauwe straatjes geplaveid met rechthoekige na-
tuursteen, de bescheiden faciliteiten van een onbedor-
ven dorp: een slager, twee bakkers, een eenvoudig hotel, een verlopen café en een postkantoortje onder leiding van een man die naar onze volle overtuiging vanwege zijn niet aflatende norsheid voor deze baan was
aangetrokken.

Het natuurgebied achter het plaatsje, blijvend groen
door zijn begroeiing van dwergeiken en pijnbomen,
was dooraderd met smalle paadjes omzoomd door
muurtjes van los op elkaar gestapelde stenen. Je kon er
uren wandelen zonder een huis te zien, afgezien van
een enkele glimp van een oud pannendak tussen de
bomen door. Men vertelde ons dat er zo streng paal
en perk aan alle bouwactiviteiten was gesteld dat ze zo
goed als verboden waren.

Dat was zestien jaar geleden. Vandaag de dag is
Gordes nog steeds mooi – van een afstandje althans.
Maar wanneer je onder aan de weg komt die naar het
dorp omhoog voert, word je begroet door een hele rij
borden onder elkaar, waarvan elk reclame maakt voor

een hotel, een restaurant, een *salon de thé* – van elke voorziening en trekpleister voor de bezoeker wordt uitvoerig melding gemaakt, behalve van de *toilettes publiques*.

Langs de weg staan op regelmatige afstanden reprodukties van negentiende-eeuwse straatlantaarns, die er tegen de verweerde stenen muren en huizen sprieterig en ongerijmd uitzien. Bij de bocht waar het dorp in zicht komt staat altijd op zijn minst één auto stil om bestuurder en passagiers in staat te stellen foto's te nemen. Bij de laatste bocht voor het dorp is een groot stuk berm met asfalt belegd om er je auto te parkeren. Als je dit verkiest te negeren en het dorp binnenrijdt zul je waarschijnlijk weer terug moeten. Het Place de Château, nu eveneens met een laag asfalt overdekt, staat gewoonlijk volledig vol met auto's uit heel Europa.

Het oude hotel is er nog, maar het heeft een nieuw hotel tot buur gekregen. Een paar meter verderop hangt een bord van Sidney Food, *Spécialiste Modules Fast-Food*. En dan is er een boetiek van Soulciado. Dan het ooit verlopen café, nu geheel opgeknapt. In feite is alles geheel opgeknapt, de zuurpruim in het postkantoor is met pensioen gestuurd, de *toilettes publiques* zijn uitgebreid en het dorp is veranderd in een oord voor bezoekers in plaats van voor de bewoners. Je kunt er een officieel Gordes T-shirt aanschaffen, ten bewijze dat je er geweest bent.

Een kilometer of zo verderop staat weer een hotel, met een muur afgeschermd tegen pottekijkers en voorzien van een landingsterreintje voor helikopters. De bouwvoorschriften in de *garrigue* zijn verruimd en op een enorm bord met ondertiteling in het Engels wordt reclame gemaakt voor luxe villa's met elektronisch beveiligd toegangshek en compleet ingerichte badkamers voor prijzen vanaf 2.500.000 franc.

Tot dusver valt nergens uit op te maken waar de dikwijlsberoemde mensen uit de *Vogue* hun buitenhuisjes hebben, dus kunnen de passagiers in de stoet enorme bussen onderweg naar de twaalfde-eeuwse abdij van Sénanque alleen maar gissen van wie het halfverborgen huis is waarnaar ze zitten te kijken. Ooit zal iemand met ondernemingsgeest en visie een kaart maken zoals die Hollywood-reiswijzer naar de huizen van de sterren, en dan zullen we ons nog méér met Californië verwant voelen. Intussen zijn bubbelbaden en joggers niet meer voldoende exotisch om nog de aandacht te trekken, en overal in de heuvels hoor je het plokken van tennisballen en het slaperig geronk van de betonmolen.

Het is al dikwijls gebeurd, in vele andere delen van de wereld. De mensen worden tot een bepaald gebied aangetrokken vanwege het natuurschoon en de belofte van rust, en dan veranderen ze het in een buitenwijk met hoge huurprijzen, compleet met cocktailparty's, inbraakalarmsystemen, pleziervoertuigen met vierwielaandrijving en andere essentiële voorzieningen van *la vie rustique.*

Ik geloof niet dat de autochtonen het erg vinden. Waarom zouden ze? Kale stukken land waar nog geen kudde geiten op in leven zou kunnen blijven zijn plotseling miljoenen francs waard. Winkels en restaurants en hotels doen goede zaken. De *maçons*, de timmerlui, de tuinarchitecten en de firma's die tennisbanen aanleggen hebben uitpuilende orderboeken, en iedereen profiteert van *le boum*. Het cultiveren van toeristen is veel lonender dan het cultiveren van druiven.

Ménerbes is nog niet te erg aangetast, althans niet in enig duidelijk zichtbaar opzicht. Het *Café du Progrès* is nog steeds vastbesloten on-sjiek. Het kleine, smaakvolle restaurant dat twee jaar geleden openging is weer dichtgegaan, en afgezien van een klein, smaakvol makelaarskantoor ziet het centrum van het dorp er ongeveer nog net zo uit als toen we het voor het eerst zagen, ettelijke jaren geleden.

Maar er hangt verandering in de lucht. Ménerbes heeft een bord toegewezen gekregen, *Un des plus beaux villages de France*, en sommige inwoners schijnen plotseling mediabewust te zijn geworden.

Mijn vrouw kwam er drie dames van eerbiedwaardige leeftijd tegen die op een rijtje op een stenen muurtje zaten, met hun drie honden op een rijtje vóór hen. Het geheel vormde een aardig plaatje, en mijn vrouw vroeg of ze een foto mocht maken.

Het oudste dametje keek haar aan en dacht even na. 'Waar is het voor?' zei ze toen. Kennelijk was de *Vogue* al eerder langs geweest.

– 12 –
Overwegend droog, met hier en daar een brand

oals een aantal van onze agrarische buren in de vallei zijn wij geabonneerd op een door het meteorologisch station te Carpentras aangeboden dienstverlening. Tweemaal per week ontvangen we uitvoerige weersvoorspellingen in stencilvorm. Zij vertellen ons, gewoonlijk heel accuraat, hoeveel zon en regen we gaan krijgen, de mate van waarschijnlijkheid van het optreden van stormen en van de mistral, evenals de temperaturen overal in de Vaucluse.

Bij het verstrijken van de eerste weken van 1989 begonnen de voorspellingen en statistieken op onheilspellende wijze aan te geven dat het weer zich niet gedroeg zoals het zich behoorde te gedragen. Er was niet genoeg regen; bij lange na niet genoeg.

De voorafgaande winter was zacht geweest, met zo weinig sneeuw in de bergen dat de stromen smeltwater in de lente niet meer dan miezerige sijpelstroompjes zouden zijn. Het was ook een droge winter geweest. In januari was er 9,5 millimeter regen gevallen, en normaliter is het net even boven de 60 millimeter. In februari bleef de regenval onder het gemiddelde. Hetzelfde gold voor maart. De zomervoorschriften met betrekking tot het stoken van vuren – geen afvalverbrandingen op de velden – werden vroeg van kracht. De van oudsher natte lente in de Vaucluse was hoogstens vochtig, en de eerste zomerweken waren zelfs dat niet eens. In Cavaillon werd in mei 1 millimeter regen gemeten, in vergelijking tot het gemiddelde van 45,6; in juni 7 millimeter, in vergelijking tot het gemiddelde van 44. Putten vielen droog, en er trad een aanzienlijke daling op in het waterpeil van de Fontaine de Vaucluse.

In de Lubéron hangt de boeren de droogte boven het hoofd als een schuld die reeds lang betaald had moeten worden. Op de velden en in de dorpsstraten zijn de gesprekken somber terwijl de oogsten staan te bakken en de aarde bros en korstig wordt. En dan is er altijd het gevaar van brand, vreselijk om aan te denken maar onmogelijk om te vergeten.

Er is niet meer voor nodig dan een enkele vonk in het bos – een achteloos weggegooide sigarettepeuk, een smeulende lucifer – en de mistral doet de rest, blaast een enkel vlammetje aan tot een vuurtje, en dan tot een vlammenexplosie die sneller door de bomen raast dan een rennende man vooruit kan komen. We hadden gehoord over een jonge *pompier* die in de lente was omgekomen in de buurt van Murs. Hij had met zijn gezicht naar de vlammen toe gestaan toen een wegspringende vonk, misschien van een denneappel die in gloeiende stukken uiteen was gespat, in de boom achter hem was neergekomen en hem de weg terug had afgesneden. Het was allemaal binnen enkele seconden gebeurd.

Zoiets is al tragisch genoeg wanneer het vuur per ongeluk is ontstaan, maar het is weerzinwekkend wanneer het opzettelijk is aangestoken. Helaas is dat dikwijls het geval. Droogte trekt pyromanen aan, en dezen hadden zich nauwelijks betere omstandigheden kunnen wensen dan die van de zomer van 1989. In de lente was er al een man betrapt op het aansteken van de *garrigue*. Hij was jong, en hij had *pompier* willen worden, maar de brandweer had hem niet willen hebben. Nu nam hij wraak met een doosje lucifers.

Onze eerste rook kregen we te zien op de hete, winderige avond van de veertiende juli. Boven ons hing de wolkenloze, schone, gepolijst blauwe hemel die de mistral dikwijls met zich meebrengt, en daardoor viel de zwarte vlek die zich boven Roussillon uitbreidde, enkele kilometers van ons vandaan aan de andere kant van de vallei, extra op. Toen we ernaar stonden te kijken op het pad boven het huis, hoorden we het ronken van motoren, en daar kwam een stel Canadair vliegtuigen in formatie laag over de Lubéron aanvliegen, log en zwaar door hun waterlast. Daarna verschenen helikopters, de *bombardiers d'eau*. Uit Bonnieux steeg het aanhoudende, paniekerige gieren op van een brandalarm, en we keken allebei nerveus achterom. Ons huis staat nog geen honderd meter van de bosrand af, en honderd meter is niets voor een goed aangelegd vuur met een wind met stormkracht in de rug.

Die avond moesten we, terwijl de Canadairs dikbuikig en traag heen en weer vlogen tussen de brand en de zee, de mogelijkheid onder ogen zien dat het volgende stuk bos dat in vlammen op zou gaan dichter bij ons huis zou zijn. De *pompiers* die met Kerstmis hun kalender waren komen brengen hadden ons verteld wat we dan geacht werden te doen: de elektriciteit afsluiten, de houten luiken dichtdoen, ze kletsnat spuiten met de tuinslang, binnenshuis blijven. We hadden er grapjes over gemaakt hoe we onze toevlucht in de wijnkelder zouden zoeken met een paar glazen en een kurketrekker – we werden liever dronken gebraden dan nuchter. Het leek nu niet grappig meer.

Toen de nacht kwam ging de wind liggen, en de gloed boven Roussillon had alleen van de schijnwerpers van de *boules*baan van het dorp afkomstig kunnen zijn. Voordat we naar bed gingen keken we nog naar de weersvoorspellingen. Die waren niet goed: *beau temps très chaud et ensoleillé, mistral fort.*

In *Le Provençal* van de volgende dag stonden bijzonderheden over de brand in Roussillon. Meer dan veertig hectare van de dennenbossen rond het dorp waren teloorgegaan voordat 400 *pompiers*, tien vliegtuigen en de *soldats du feu* van het leger het vuur gedoofd hadden. Er waren foto's van paarden en een kudde geiten die in veiligheid werden gebracht, en van een eenzame *pompier* die in silhouet tegen de muur van vlammen stond afgetekend. In hetzelfde artikel werd nog van drie kleinere branden melding gemaakt. Waarschijnlijk was dat artikel wel op de voorpagina verschenen als niet net de Tour de France in Marseille was aangekomen.

Enkele dagen later reden we het dal door naar Roussillon. Wat eens een prachtig dennegroen landschap was geweest was nu een troosteloze woestenij geworden – verkoolde, lelijke boomstompen staken als rotte tanden uit de okerrode aarde van de heuvelhellingen omhoog. Als door een wonder leek een aantal van de huizen ongeschonden, ondanks de verwoesting die ze omringde. We vroegen ons af of de be-

woners binnen waren gebleven of op de vlucht gesla-
gen, en probeerden ons voor te stellen hoe het moest
zijn geweest om in een donker huis te zitten luisteren
hoe het vuur steeds dichterbij kwam, en de hitte ervan
door de muren heen te voelen.

In juli viel er 5 millimeter regen, maar de wijzen uit
het café vertelden ons dat de augustusplensbuien de
Lubéron zouden doorweken en de *pompiers* de gelegenheid geven zich te ontspannen. Op *le quinze août*
viel er naar ons verteld werd altijd een enorme plens-
bui waardoor de kampeerders uit hun tenten werden
gespoeld, wegen onder kwamen te staan, het woud
van vocht doordrenkt raakte en met een beetje geluk
de pyromanen verdronken.

Dag na dag keken we uit naar regen, en dag na dag
zagen we slechts zon. Lavendel die we in de lente hadden geplant ging dood. Het plekje gras voor het huis
gaf zijn streven een gazon te worden op en nam de
vuilgele tint aan van stro van armzalige kwaliteit. De
aarde klonk in en haar knokkels en botten begonnen
zich af te tekenen, in de vorm van stenen en wortels
die voorheen onzichtbaar waren geweest. De meer
fortuinlijke boeren die een potent irrigatiesysteem
hadden, begonnen hun wijngaarden te bevloeien. Onze wijnranken hingen slap terneer. Ook Faustin liet bij
zijn inspectietochten door de wijngaard het kopje hangen.

Het water in het zwembad was zo warm als soep,
maar het was tenminste nat, en op een avond kwam er
een troep *sangliers* op de lucht van water af. Er kwamen
er elf uit het bos, die op vijftig meter van het huis bleven staan. Eén everzwijn deed zijn voordeel met het

oponthoud en besteeg zijn wijfje, en Boy liep met een ongebruikelijk vertoon van bravoure met vrolijke danspasjes op het gelukkige paar toe, op sopraanhoogte blaffend van opwinding. Nog steeds aaneengeklonken als mededingers bij een kruiwagenwedstrijd joegen ze hem weg en hij rende terug naar de deur van de binnenplaats, waar hij in alle veiligheid luidruchtig en dapper kon zijn. De *sangliers* veranderden van gedachten over het zwembad, en verdwenen in een enkele rij tussen de wijnranken door om Jacky's meloenen op het veldje aan de overkant van de weg op te gaan vreten.

Le quinze août was even droog als de eerste helft van de maand geweest was, en iedere keer dat de mistral woei wachtten we op het geluid van sirenes en Canadairs. De *pompiers* waren zelfs opgebeld door een pyromaan die hen een nieuwe brand beloofde zodra er genoeg wind stond, en er werd dagelijks met helikopters boven het dal gepatrouilleerd.

Maar ze zagen hem niet toen hij opnieuw toesloeg, deze keer bij Cabrières. Door de wind meegevoerde asvlokjes vielen op onze binnenplaats neer, en de zon werd verduisterd door rook. De lucht ervan joeg de honden de stuipen op het lijf; ze liepen onrustig heen en weer en jankten en blaften tegen plotselinge windvlagen. De rode en roze tinten van de avondhemel gingen schuil achter een zwak opglanzende grote grijze veeg, somber en angstaanjagend.

Een vriendin die in Cabrières logeerde kwam ons die avond opzoeken. Enkele huizen aan de rand van het dorp waren ontruimd. Ze had haar paspoort meegebracht, en een extra broekje.

Daarna zagen we geen branden meer, ofschoon de pyromaan nog meermalen had opgebeld, iedere keer dreigend de Lubéron in lichterlaaie te zetten. Augustus liep op zijn einde. De in onze streek gemelde regenval bedroeg 0,0 millimeter, vergeleken met het gemiddelde van 52. Toen er in september een weinig inspirerend buitje viel, gingen we er in de tuin instaan en ademden diep de koele, vochtige lucht in. Voor het eerst in weken rook het fris in het bos.

Toen het onmiddellijk brandgevaar geweken was voelde de plaatselijke bevolking zich voldoende opgelucht om zich over het effect van de droogte op hun maag te gaan beklagen. Met uitzondering van de wijn van dat jaar, die in Châteauneuf als opzienbarend goed werd aangekondigd, was het nieuws op gastronomisch gebied rampzalig. Het uitblijven van regen in juli zou een miserabele truffeloogst in de winter ten gevolge hebben; de truffels zouden zowel in aantal als van omvang gering zijn. De jagers zouden als ze hun sport wilden beoefenen elkaar neer moeten leggen: wild en gevogelte dat uit de verdroogde Lubéron vertrokken was om verder naar het noorden water op te zoeken zou niet gauw terugkeren. Op culinair gebied zou de herfst heel anders zijn dan anders, *pas du tout normal.*

We schoten er een hele cursus bij in. Monsieur Menicucci, tot wiens vele talenten ook het vermogen behoorde de wilde paddestoelen in het bos op te sporen en te identificeren, had beloofd ons eens op een expeditie mee te nemen – naar hij zei zouden er kilo's paddestoelen zo voor het grijpen staan. Hij zou ons instrueren en na afloop toezicht houden in de keuken, ter zijde gestaan door een fles Cairanne.

Maar oktober kwam en de speurtocht moest worden afgezegd. Voor het eerst naar Menicucci zich kon herinneren was het bos woest en ledig. Op een ochtend verscheen hij bij ons, mes, mand en stok in gereedheid, slangbestendige laarzen stevig dichtgeregen, en bleef vruchteloos een uur tussen de bomen rondporren voor hij het opgaf. We zouden het het volgend jaar opnieuw moeten proberen. Madame zijn vrouw zou teleurgesteld zijn, evenals de kat van zijn vriend, die een grote *amateur* van wilde paddestoelen was.

Een kat?

Beh oui, maar een kat met een buitengewoon scherpe neus, die gevaarlijke of dodelijke paddestoelen er zo uithaalde. De natuur is iets geheimzinnigs en prachtigs, zei Menicucci, en laat zich dikwijls niet in wetenschappelijke termen verklaren.

Ik vroeg wat de kat met eetbare paddestoelen deed. Die eet hij op, zei Menicucci, maar niet rauw. Hij wil ze klaargemaakt in olijfolie en met fijngehakte peterselie bestrooid. Een kleine zwakheid van het dier. *C'est bizarre, non?*

Het bos kreeg in november officieel de status van brandgevaarlijk gebied, toen het een invasie van het *Office National des Forêts* te verduren kreeg. Op een donkere, bewolkte ochtend bevond ik me ongeveer drie kilometer van ons huis vandaan toen ik rook zag opkolken en het ronken van motorzagen hoorde. Op een open plek aan het eind van het karrespoor stonden legertrucks geparkeerd naast een enorme gele machine, misschien wel drieënhalve meter hoog, een kruising tussen een bulldozer en een mammoet-tractor. Mannen in olijfgrauwe velduniformen bewogen zich tussen de bomen door; ze zagen er sinister uit met hun stofbrillen en helmen op, en ze hakten het kreupelhout weg en gooiden het op het vuur dat siste door het uit het groene hout lopende sap.

Een officier met een hard gezicht en een schrale lichaamsbouw keek me aan alsof ik me daar op verboden gebied bevond en knikte ternauwernood toen ik *bonjour* zei. Alleen maar zo'n misselijke burger, en een buitenlander ook nog.

Ik draaide me om om naar huis te gaan en bleef even naar het gele monster staan kijken. De bestuurder, aan zijn met barsten overdekte leren vestje en niet organieke geruite pet te zien een medeburger, probeerde vloekend een vastzittende moer los te draaien. Hij verwisselde zijn moersleutel voor een hamer – het overal voor te gebruiken Provençaalse bestrijdingsmiddel van weerspannig mechanisch tuig – waardoor ik nu zeker wist dat hij geen militair was. Ik deed nog maar eens een poging met een *bonjour*, en deze keer werd het hartelijker ontvangen.

Hij had de jongere broer van de kerstman kunnen zijn, zonder de baard, maar met ronde appelwangen en oplichtende ogen en een snor vol spikkels van het zaagsel dat overal rondwaaide op de wind. Hij wuifde met zijn hamer in de richting van het uitroeiingspeloton tussen de bomen. *'C'est comme la guerre, eh?'*

Hij noemde het, helemaal in militaire stijl, een *opération débroussaillage*. Het bospad dat naar Ménerbes voerde moest twintig meter aan weerszijden van onderbegroeiing worden ontdaan en de bomen moesten worden uitgedund om het risico van brand terug te brengen. Zijn taak was met de machine achter de mannen aan te rijden en alles te vermalen wat zij niet verbrand hadden. Hij sloeg met zijn vlakke hand tegen de gele zijkant van het gevaarte. 'Dit hier vreet een boomstam op en spuugt die in kleine stukjes uit.'

De mannen deden een week over de afstand naar het huis. Na hun vertrek was de rand van het woud geschoond en zagen de open plekken groezelig van de achtergebleven ashopen. En achter hen aan kwam, elke dag een paar honderd meter fijnkauwend en uitspuwend, het gele monster met zijn genadeloze, alles vermalende vraatzucht.

De bestuurder kwam op een avond even bij ons aan om een glas water en liet zich gemakkelijk overhalen tot een glaasje *pastis*. Hij maakte zijn verontschuldigingen dat hij zijn machine aan de rand van de tuin had neergezet. Het was elke dag een probleem waar hij het ding laten moest, zei hij; met een topsnelheid van tien kilometer kon hij wat hij zijn speeltje noemde moeilijk elke avond terugrijden naar Apt.

Hij zette zijn pet af voor zijn tweede glas *pastis*. Het was prettig om eens met iemand te kunnen praten, zei hij, na een dag in zijn eentje met niets anders om naar te luisteren dan het kabaal van zijn machine. Maar het was werk dat gedaan moest worden. Het bos was te lang onverzorgd gebleven. Het zat propvol dood hout, en als er volgend jaar weer een droogte kwam... *pof!*

We vroegen hem of de pyromaan ooit gepakt was, en hij schudde zijn hoofd. De gek met de *briquet*, noemde hij hem. Laten we hopen dat hij volgend jaar zijn vakantie in de Cévennes doorbrengt.

De bestuurder van het gele monster kwam de volgende avond opnieuw aanzetten, met een Camembert, waarbij hij ons vertelde hoe wij die klaar moesten maken – zoals hij het deed wanneer hij in de winter in het bos was en iets moest hebben om de kou op een afstand te houden.

'Je legt een vuur aan,' zei hij, denkbeeldige takken voor zich op tafel schikkend, 'en dan pak je de kaas uit de doos en haalt het papier ervan af. En dan leg je hem in de doos terug, *d'accord?*' Om zich ervan te verzekeren dat wij hem begrepen hadden hield hij de Camembert omhoog en tikte op het dunne houten doosje.

'*Bon.* Nu zet je het doosje in de hete sintels. De doos verbrandt. De buitenrand van de kaas wordt zwart. De kaas smelt, maar...' Hierbij werd voor extra nadruk een belerende vinger geheven... 'hij zit opgesloten in de korst. Hij kan niet uitlopen in het vuur.'

Een teug *pastis*, een veeg langs de snor met de rug van de hand.

'*Alors*, je pakt je *baguette* en snijdt die overlangs door. En nu... *attention aux doigts*... pak je de kaas uit het vuur, maakt een gat in de korst, en je giet de gesmolten kaas in het brood. *Et voilà!*'

Hij grijnsde, zodat zijn rode wangen opbolden onder zijn ogen, en klopte op zijn buik. Vroeg of laat lijkt, naar we nu ook niet anders meer verwachtten, in de Provence elk gesprek op eten of drinken uit te komen.

Begin 1990 kregen we de weerstatistieken over het vorig jaar toegestuurd. Ondanks een ongewoon natte november hadden we dat jaar minder dan de helft van de normale hoeveelheid regen gehad.

Weer is de winter zacht geweest. Op het moment dat ik dit schrijf is het waterpeil nog steeds overal lager dan het hoort te zijn, en volgens de schattingen is wel dertig procent van het kreupelhout in het bos dood, en derhalve droog. Bij de eerste grote brand van de zomer is meer dan 2400 hectare bij Marseille verwoest, en de *autoroute* op twee plaatsen afgesloten geweest. En de gek met de *briquet* loopt nog steeds vrij rond; waarschijnlijk net als wij een en al belangstelling voor de weersvoorspellingen.

We hebben een zwaar metalen kistje gekocht om al die papieren in op te bergen – paspoorten, *attestations*, geboortebewijzen, *contrats*, *permis*, oude elektriciteitsrekeningen – die in Frankrijk onmisbaar zijn om je bestaan te bewijzen. Om door brand ons huis kwijt te raken zou een ramp zijn, maar als we ook nog onze identiteit kwijtraakten zou het leven onmogelijk worden. Het metalen kistje gaat in de verste hoek van de *cave*, naast de Châteauneuf.

Iedere keer dat het regent zijn we buiten onszelf van vreugde, wat Faustin opvat als een bemoedigend teken dat we minder Engels worden.

dancy

– 13 –
In Châteauneuf-du-Pape wordt niet gespuwd

In de Provence is augustus een tijd om je rustig te houden, de schaduw op te zoeken, je traag te bewegen en je uitstapjes te beperken tot zeer kleine afstandjes. Hagedissen weten dat het beste, en ik had beter moeten weten.

Om half tien 's morgens was het al boven de dertig graden, en toen ik in de auto stapte voelde ik me onmiddellijk net een kippebout die op het punt staat gesauteerd te worden. Ik keek op de kaart of ik wegen vinden kon waardoor ik uit de buurt zou blijven van het toeristenverkeer en van door de hitte gek geworden vrachtwagenchauffeurs, en een zweetdruppel viel van mijn neus recht op de plek waar ik heen moest – Châteauneuf-du-Pape, het kleine stadje met de grote wijn.

Maanden tevoren, in de winter, had ik bij een diner ter viering van de verloving van een vriend en vriendin van ons een man ontmoet die Michel heette. De eerste flessen wijn arriveerden. Er werden toosten uitgebracht. Maar ik merkte op dat terwijl de anderen er maar gewoon op los dronken, Michel een persoonlijk en zeer doorleefd ritueel uitvoerde.

Hij staarde een poosje in zijn glas alvorens het op te pakken, sloot dan van onderaf zijn vingers eromheen en liet de wijn er zachtjes drie of vier keer in rondklotsen. Hij bracht het glas ter hoogte van zijn ogen en tuurde naar de straaltjes wijn die door zijn rondgaande handbeweging langs de binnenkant van het glas omlaag dropen. Nu werd zijn neus met alert opengesperde neusgaten naar de wijn toegebracht en ging over tot een diepgaand onderzoek. Uitvoerig snuffelwerk. Dan een laatste draai met de hand, en hij nam de eerste slok in zijn mond, maar alleen op proef.

De wijn moest kennelijk ettelijke tests doorstaan alvorens de keel door te mogen. Michel bleef er enkele nadenkende seconden op kauwen. Hij tuitte zijn lippen en zoog een beetje lucht naar binnen, en begon vervolgens zachte, discrete mondspoelgeluidjes te maken. Hij sloeg zijn ogen ten hemel en bewoog zijn wangen naar binnen en naar buiten om de wijn vrij rond tong en kiezen te laten spelen, en pas toen hij kennelijk tot het oordeel was gekomen dat de wijn deze orale stormbaan goed was gepasseerd, slikte hij.

Hij zag dat ik het ritueel gevolgd had, en grinnikte. '*Pas mal, pas mal.*' Hij nam een tweede, minder uitvoerige slok, en bracht het glas met opgetrokken wenkbrauwen een saluut. 'Dat was een goed jaar, '85.'

Zoals ik tijdens het diner te weten kwam was Michel een *négociant*, een beroepswijndrinker. Een druivenkoper en nectarverkoper. Hij was gespecialiseerd in de wijn van het zuiden, vanaf Tavel *rosé* (de lievelingswijn van Louis XIV, zei hij) via de goudgetinte witte wijnen tot aan de zware, koppige rode wijnen van Gigondas. Maar van al de wijnen in zijn uitgebreide verzameling was zijn *merveille*, de wijn die hij op zijn sterfbed zou willen drinken, de Châteauneuf-du-Pape.

– 180 –

Hij beschreef haar alsof hij over een vrouw praatte.
Zijn handen liefkoosden de lucht. Lichte kussen dansten van zijn vingertoppen, en er werd uitvoerig inge-
gaan op body en bouquet en *puissance*. Het was wel
voorgekomen, zei hij, dat een Châteauneuf de vijftien
procent alcohol haalde. En in deze tijd, waarin de
Bordeaux-oogst elk jaar magerder lijkt te worden en
alleen de Japanners de prijs van de Bourgogne kunnen
ophoesten, zijn de wijnen van de Châteauneuf zonder
meer koopjes. Ik moest zelf maar eens komen kijken in
zijn *caves*. Hij zou een *dégustation* regelen.

In de Provence kan het tijdsverloop tussen het plannen van een ontmoeting en het werkelijk plaatsvinden
daarvan dikwijls maanden bedragen, en soms zelfs jaren, en dus verwachtte ik geen onmiddellijke uitnodi-
ging. De winter ging over in de lente, de lente in de zomer, en de zomer smolt weg in augustus, de meest fa-
tale maand van het jaar om aan het stoeien te gaan
met een wijn met een alcoholgehalte van vijftien procent, en toen belde Michel.

'Morgenochtend om elf uur,' zei hij. 'In de *caves* van
Châteauneuf. Eet flink wat brood bij het ontbijt.'

Ik deed wat hij zei, en nam als extra voorzorg een
soeplepel vol pure olijfolie, wat naar een van de lek-
kerbekken ter plaatse me verteld had een uitstekende
manier was om de maag te voorzien van een bescher-
mend laagje en de spijsvertering van een buffer tegen
herhaalde aanvallen van jonge en krachtige wijnen.
Nu ja, dacht ik toen ik over de slingerende in de zon
bakkende landwegen reed, ik zou toch niet veel
doorslikken. Ik zou doen wat de kenners doen, spoelen
en spuwen.

Net voor elven kwam Châteauneuf binnen mijn ge-
zichtsveld, zinderend in de hittenevels. Het is een oord
dat volledig aan wijn gewijd is. Overal hangen verlei-
delijke uitnodigingen, op door de zon gebleekte, schil-
ferige uithangborden, op fris geschilderde reclame-
borden, met de hand geschreven op gigantische flessen, tegen de muur gehangen, opzij van wijngaarden
neergezet, tegen de zuiltjes bij het begin van een oprit.
Dégustez! Dégustez!

Ik reed door de poort in de hoge natuurstenen
muur die de Caves Bessac tegen de buitenwereld be-
schermt, parkeerde in de schaduw en scheurde me letterlijk los van mijn stoel. Ik voelde de zonnehitte over
mijn hoofd neerploffen als een nauwsluitende helm
van hete lucht. Voor mij lag een lang gebouw met
kantelen erop, en een op een enorme dubbele deur na
blinde gevel. Een sterk tegen de zwarte vlek van het
inwendige afstekend groepje mensen stond in de deur-
opening met in hun handen grote glazen kommen die
opglansden in de zon.

Het was bijna koud in de *cave*, en het glas dat Michel
me gaf was aangenaam koel in mijn hand. Het was een
van de grootste glazen die ik ooit gezien had, een
kristallen emmer op een steel, met een bolle buik die
zich bovenaan vernauwde tot de omtrek van een
goudvissenkom. Michel zei dat er driekwart fles in
kon.

Na het felle licht buiten moesten mijn ogen even
wennen aan de schemering, en toen drong tot mij
door dat dit niet bepaald een bescheiden *cave* was. In
het duister van een van de ver verwijderde hoeken
hadden gemakkelijk 25.000 flessen kunnen verdwij-

nen. Er waren zelfs helemaal geen flessen te zien, alleen maar hele boulevards van vaten – enorme op hun zij liggende fusten, ingebed in tot je middel reikende platforms, de bovenkant zo'n vier tot vijf meter boven de grond. Op de vlakke voorkant van elk vat stond met krijt een beschrijving van de inhoud gekalkt, en voor het eerst van mijn leven kon ik letterlijk nu een wijnkaart doorlopen: Côtes-du-Rhône-Villages, Lirac, Vacqueyras, Saint-Joseph, Crozes-Hermitage, Tavel, Gigondas – duizenden liters van elk, op jaar geordend en zwijgend voortdommelend tot hun rijping volledig zou zijn.

'*Alors*,' zei Michel, 'u kunt niet rondlopen met een leeg glas in uw hand. Wat wilt u hebben?'

Er was te veel keus. Ik wist niet waar ik beginnen moest. Wilde Michel me niet wegwijs tussen de vaten maken? Ik zag dat de anderen ook het een of ander in hun goudvissenkommen hadden; dan nam ik dat ook wel.

Michel knikte. Dat zou maar het beste zijn, zei hij, want we hadden maar twee uur, en hij wilde onze tijd niet aan heel jonge wijnen verspillen wanneer er zoveel juweeltjes op dronk waren. Ik was blij dat ik de olijfolie had genomen. Iets wat de benaming van juweeltje verdiende kon je eigenlijk niet gaan staan uitspuwen. Maar als ik twee uur lang alles moest doorslikken zou ik er daarna even voor dood bij liggen als een van de fusten, en ik vroeg of spuwen was toegestaan.

Michel wuifde met zijn glas naar een kleine afvoer die de toegang tot de Boulevard Côtes-du-Rhône markeerde. '*Crachez si vous voulez, mais...*' Het was dui-

delijk dat hij het als een tragische vergissing be-
schouwde jezelf het genoegen te ontzeggen van het
doorslikken van de wijn, van het openbloeien van de
smaak, van de ronde afdronk en de diepe bevrediging
die het drinken van een kunstwerk de mens verschaft.

De *maître de chai*, een pezige oude man in een katoenen jasje van een verbleekte hemelsblauwe tint, verscheen met een apparaat dat me aan een reusachtige
oogdruppelaar deed denken – een glazen buis van een
meter lengte met een rubber bol ter grootte van een
vuist aan het ene uiteinde. Hij richtte de spuit en
kneep een royale scheut witte wijn in mijn glas, onder
het knijpen een gebed prevelend: '*Hermitage '86, bouquet
aux aromes de fleurs d'acacia. Sec, mais sans trop d'acidité.*'

Ik liet de wijn ronddraaien in het glas en snuffelde
en spoelde en slikte. Verrukkelijk. Michel had helemaal gelijk. Het zou een zonde zijn om dit naar de afvoer te verwijzen. Met enige opluchting zag ik dat de
anderen de wijn die ze niet opdronken in een grote
kan op een schraagtafel in de buurt goten. Later zou
dit overgebracht worden in een kruik met een *mère vi-
naigre* erin, en het resultaat zou een viersterrenazijn
zijn.

Langzaam werkten we de boulevards af. Bij elke
halte klom de *maître de chai* op zijn draagbaar laddertje
naar de bovenkant van het fust, tikte de bom los en
stak zijn dorstige tuit naar binnen, klom dan weer de
ladder af, even voorzichtig alsof hij een geladen geweer in zijn handen had – waar het naarmate de
proefsessie vorderde ook steeds meer op begon te lijken.

De eerste sprietsjes hadden bestaan uit witte wijn,

rosé's en lichtere rode wijnen. Maar toen we de diepere schemering achter in de *cave* binnengingen werden ook de wijnen donkerder. En zwaarder. En merkbaar koppiger. Elk werd geserveerd onder begeleiding van zijn eigen korte maar eerbiedige litanie. De rode Hermitage, met zijn bouquet van viooltjes, frambozen en moerbeien, was een *vin viril*. De Côtes-du-Rhône *Grande Cuvée* was een elegant raspaardje, verfijnd en *étoffé*. De vindingrijkheid van de gebezigde vocabulaire maakte bijna evenveel indruk op me als de wijnen zelf – er werden omschrijvingen gebruikt als vlezig, dierlijk, gespierd, goedgebouwd, wellustig, en pezig – en de *maître* herhaalde zichzelf niet één keer. Ik vroeg me af of hij met een speciale aanleg voor lyrische beschrijvingen geboren was of elke avond een lexicon mee naar bed nam.

Ten slotte kwamen we aan Michels *merveille*, de Châteauneuf-du-Pape van 1981. Ofschoon ze nog vele jaren goed zou blijven, was deze wijn al een meesterwerk, met haar *robe profonde*, haar zweempje kruiderij en truffel, haar warmte, haar evenwicht – en niet te vergeten haar alcoholpercentage, dat dicht tegen de vijftien procent aan lag. Ik dacht dat Michel met het hoofd voorover zijn glas in zou duiken. Leuk een man zijn werk met hart en ziel te zien doen.

Met enige tegenzin zette hij zijn glas neer en keek op zijn horloge. 'We moeten gaan,' zei hij. 'Ik haal even iets voor bij de lunch.' Hij ging naar het kantoortje voor in de *cave*, en kwam terug met een kratje met twaalf flessen erin. Hij werd gevolgd door een collega die eveneens een dozijn flessen droeg. Wij gingen met ons achten lunchen. Hoevelen zouden het overleven?

We verlieten de *cave*, en krompen ineen onder de felheid van de zonnehitte. Ik had mezelf beperkt tot teugjes in plaats van slokken; niettemin schoot er een scherpe pijnscheut bij wijze van waarschuwing door mijn hoofd toen ik naar de auto liep. Water. Ik moest wat water hebben voor ik zelfs nog maar aan het volgende glas wijn róók.

Michel gaf me een klap op mijn rug. 'Er gaat niets boven een *dégustation* om dorst te krijgen,' zei hij. 'Geen zorgen. We hebben meer dan genoeg.' God sta me bij.

Het restaurant dat Michel had uitgekozen was een half uur rijden, ergens buiten Cavaillon. Het was een *ferme auberge*, waar men wat hij als het echte Provençaalse eten beschreef serveerde in een rustieke omgeving. Het lag erg weggestopt en was moeilijk te vinden, dus moest ik maar dicht achter zijn auto blijven.

Gemakkelijker gezegd dan gedaan. Voor zover ik weet zijn er geen statistieken die mijn theorie kunnen ondersteunen, maar mijn waarnemingen en bijna tot hartstilstand leidende ervaringen hebben mij ervan overtuigd dat een Fransman met een lege maag tweemaal zo hard rijdt als een Fransman met een volle maag (die toch al harder rijdt dan volgens het gezond verstand en de snelheidsvoorschriften toelaatbaar is). En dat ging zeker op voor Michel. Het ene ogenblik was hij er nog; het volgende was hij een door stof omgeven vage vlek aan de zinderende horizon die, de dorre grasranden in de bochten nog eens bijmaaiend, de smalle straatjes van in hun middagcoma verkerende dorpjes doordenderde met al zijn gastronomische sappen in de overdrive. Tegen de tijd dat we het restaurant bereikten waren alle vrome gedachten aan water verdwenen. Een borrel, ik snakte naar een borrel.

In de eetzaal van de boerderij was het koel en lawaaiig. In een hoek tetterde een groot televisietoestel, volkomen genegeerd door de cliëntèle. De reeds aanwezige klanten, voornamelijk mannen, waren donker gekleurd door de zon en op hun werk in de openlucht gekleed, in hun oude overhemden en mouwloze onderhemden, met het platgedrukte haar en de witte voorhoofdsstreep die men oploopt door het dragen van een pet. Een onbestemd soort hond maakte snuivende geluiden in de hoek, zijn neusvleugels trilden in zijn slaap vanwege de uit de keuken opstijgende kruidige geur van vlees dat stond te stoven. Ik besefte plotseling dat ik rammelde van de honger.

We werden voorgesteld aan André, de *patron*, wiens uiterlijk, donker en met een stevige body, aardig overeenkwam met de beschrijving van enkele van de wijnen die we geproefd hadden. In zijn bouquet vielen vleugjes knoflook, Gauloises en *pastis* te onderkennen. Hij droeg een loshangend hemd, een zeer korte korte broek, rubber sandalen en een nadrukkelijk aanwezige zwarte snor. Hij had een stem die ruim boven het rumoer in het vertrek uitkwam.

'*Eh, Michel! Qu'est-ce que c'est? Orangina? Coca-Cola?*' Hij begon de kratjes wijn uit te pakken en reikte in de achterzak van zijn shorts naar een kurketrekker. '*M'amour! Un seau, des glaçons, s'il te plaît.*'

Zijn vrouw, fors gebouwd en glimlachend, kwam de keuken uit met een dienblad dat ze op tafel aflaadde: twee ijsemmers, borden met roze *saucisson* bespikkeld met minuscule peperkorreltjes, een schaaltje helderrode radijsjes en een diepe kom met dikke *tapenade*, de pasta van olijven en ansjovis die soms de zwarte boter van de Provence genoemd wordt. André stond flessen te ontkurken als een machine, even snuffelend aan elke kurk die hij uitgetrokken had, en zette de flessen in een dubbele rij midden op de tafel neer. Michel legde uit dat dit enkele van de wijnen waren waarvoor we in de *cave* geen tijd meer hadden gehad, voornamelijk jonge Côtes-du-Rhône, met een half dozijn oudere en serieuzer te nemen steuntroepen uit Gigondas voor bij de kaas.

In Frankrijk bezit het middagmaal iets waardoor het er immer weer in slaagt mij ieder klein restje wilskracht dat ik nog bezit te ontnemen. Ik kan rustig aan tafel gaan met het vaste voornemen me in te houden en matig te eten en drinken, en er dan drie uur later nog zitten met mijn wijnglas in de hand, nog steeds geheel bereid me tot een hapje van dit of dat te laten verleiden. Ik geloof niet dat het gulzigheid is. Ik denk dat het komt door de sfeer die er uitgaat van een vertrek vol mensen die met volle aandacht aan het eten en drinken zijn. En daarbij práten ze erover; ze praten niet over politiek of over sport of over zaken, maar over wat er zich op hun bord en in hun glas bevindt. Sauzen worden vergeleken, recepten worden onderwerp van discussie, herinneringen aan vroegere maaltijden worden opgehaald en plannen voor toekomstige maaltijden gesmeed. De wereld en haar problemen komen later wel, maar voor het ogenblik heeft *la bouffe* alle prioriteit. Innig welbehagen heerst alom. Die sfeer vind ik onweerstaanbaar.

We begonnen heel geleidelijk aan de lunch, als sportlui die eerst warm moeten lopen. Een radijsje, van boven opengesneden met een kloddertje bijna witte boter in de snee en bespikkeld met een snufje grof zout, een schijfje *saucisson*, dat prikte op je tong van de peper; ronde toostjes gemaakt van brood van gisteren, glanzend van de *tapenade*. Koele roze en witte wijnen. Michel boog zich over de tafel naar me toe. 'Hier wordt niet gespuwd.'

De patron, die tussen zijn verplichtingen door telkens even nipte aan een glaasje rood, kwam de eerste gang opdienen met alle plechtigheid die een man in korte broek en op rubber sandalen op kan brengen, en zette een diepe *terrine*, aan de zijkant bijna zwart verbrand, op tafel. Hij stak een oud keukenmes in de *pâté*, en kwam vervolgens met een hoge glazen pot *cornichons* en een schoteltje uiengelei. '*Voilà, mes enfants. Bon appétit.*'

De wijn veranderde van kleur toen Michel zijn jonge rode rond liet gaan, en de *terrine* werd doorgegeven voor een tweede plak. André liet zijn kaartspelletje even in de steek om zijn glas bij te komen vullen. '*Ça va? Ça vous plaît?*' Ik vertelde hem hoe heerlijk ik zijn uienjam vond. Hij zei me wat ruimte over te laten voor de volgende gang, die – hij kuste smakkend zijn vingertoppen – een ware triomf was, *alouettes sans tête*, speciaal voor ons klaargemaakt door de handen van zijn aanbiddelijke Monique.

In tegenspraak tot de tamelijk sinistere naam (letterlijk leeuweriken zonder kop), is dit een schotel die bestaat uit dunne plakken rundvlees gerold om reepjes gezouten varkensvlees, op smaak gebracht met fijngehakte knoflook en peterselie, overgoten met olijfolie, droge witte wijn, bouillon en tomaten*coulis*, en keurig dichtgebonden met keukentouw opgediend. Het lijkt in de verste verte niet op een leeuwerik, meer op een weldoorvoed worstje – maar een of andere creatieve Provençaalse kok of kokkin moet hebben gevonden dat leeuwerik aantrekkelijker klonk dan vleesrolletje, en de naam is in stand gebleven.

Monique kwam binnen met de *alouettes*, waarvan André beweerde dat hij ze die ochtend geschoten had. Nu was André iemand die moeilijk een grap kon maken zonder het uitspreken van de pointe fysiek te begeleiden, en de por die hij me toediende deed me bijna in een enorme schaal *ratatouille* belanden.

De leeuweriken zonder kop waren heet en gonsden van de knoflook, en Michel besloot dat zij een krachtiger wijn verdienden. De Gigondas, oorspronkelijk voor bij de kaas bedoeld, werd van de kaas naar voren geschoven op het programma, en de verzameling lege flessen aan het eind van de tafel zat nu ruim in de dubbele cijfers. Ik vroeg Michel of hij nog werkplannen had voor die middag. Hij keek verrast. 'Ik ben *nu* ook aan het werk,' zei hij. 'Dit is de manier waarop ik graag mijn wijn verkoop. Neem nog een glas.'

We kregen een salade, en toen verscheen een platte mand met kazen erop – verse geitekaas in dikke witte schijven, wat zachte Cantal en een grote ronde romige St. Nectaire uit de Auvergne. Deze inspireerde André, die zich nu aan het hoofd van de tafel had geïnstalleerd, tot het tappen van een tweede mopje. Er was eens een klein jongetje in de Auvergne dat ze vroegen van wie hij het meeste hield, van zijn moeder of van zijn vader. Het jongetje dacht even na. 'Ik hou het meest van spek,' zei hij toen. André schudde van het lachen. Ik was blij buiten porafstand te zijn.

Bolletjes ijs werden opgediend, en een appeltaart, glad van het glazuur, maar ik was aan het eind van mijn Latijn. Toen André me mijn hoofd zag schudden brulde hij me over de tafel toe: 'U moet eten. U heeft uw krachten nodig. We gaan zo een spelletje *boules* doen.'

Na de koffie voerde hij ons mee naar buiten om ons de geiten te laten zien die hij in een omheinde ruimte opzij van het restaurant hield. Ze lagen en stonden op een kluitje in de schaduw van een bijgebouw, en ik benijdde hen; niemand verlangde van hen dat ze *boules* kwamen spelen onder een zon die laserstralen door mijn kruin boorde. Het ging echt niet. Mijn ogen deden pijn van het felle licht en mijn maag wenste wanhopig een horizontale positie aan te kunnen nemen om in alle rust aan het verteringsproces te beginnen. Ik verontschuldigde mij, vond een plekje onder een plataan, en liet mijn middagmaal op de grond zakken.

Ergens na zessen maakte André me wakker met de vraag of ik soms bleef eten. Er waren *pieds et paquets*, zei hij, en door een gelukkig toeval hadden twee of drie flessen van de Gigondas de lunch overleefd. Met enige moeite kwam ik weg en reed naar huis.

Mijn vrouw had heel verstandig haar dag doorgebracht in de schaduw en bij het zwembad. Ze bekeek de verfrommelde spookverschijning die ik was en vroeg of ik het leuk gehad had.

'Ik hoop dat ze je nog wat te eten hebben gegeven,' zei ze.

– 14 –
Met Pavarotti uit eten

Al maanden van tevoren stond het evenement volop in de publiciteit. Foto's van een baardig gezicht met een baret erboven verschenen in kranten en op affiches, en na de lente had iedereen in de Provence die maar een half oor voor muziek had het nieuws wel gehoord: Imperator Pavarotti, zoals *Le Provençal* hem noemde, kwam van de zomer voor ons zingen. Nog sterker, het zou het concert van ons leven worden, vanwege de plek die hij voor zijn optreden had uitverkoren. Dat zou niet plaatsvinden in het operagebouw in Avignon of in de *salle de fêtes* in Gordes, waar hij tegen de elementen beschermd zou zijn, maar in de open lucht, tussen oeroude stenen die waren aangedragen en opgestapeld door zijn mede-Italianen, negentien eeuwen geleden, toen zij het amfitheater van Orange bouwden. Waarlijk *un événement éblouissant*.

Zelfs leeg is het amfitheater overweldigend, een bouwwerk van kolossale, bijna ongelooflijke omvang. Het heeft de vorm van een D, en de rechte muur tussen de beide uiteinden van de halve cirkel is 110 meter lang, 40 meter hoog, en volledig intact. Afgezien van het patina, op de steen achtergelaten door bijna 2000 jaar van alle mogelijke weersinvloeden, had het gisteren gebouwd kunnen zijn. Achter de muur kunnen rondlopende stenen banken, gevormd uit een heuvelhelling die zich van nature voor het aanbrengen van getrapte zitplaatsen leent, ongeveer 10.000 toeschouwers een plaatsje bieden.

Oorspronkelijk zaten dezen naar klasse ingedeeld: magistraten en plaatselijke senatoren vooraan, priesters en leden van het koopmansgilde achter hen, dan de gewone burger en zijn vrouw, en ten slotte helemaal bovenaan en ver weg van de nette mensen, de *pullati*, ofwel bedelaars en prostituées. Maar in 1990 waren die regels wel veranderd en nu hing het niet zozeer van je maatschappelijke klasse af als wel van je startsnelheid welke plaats je kreeg. De kaartjes voor het concert zouden binnen de kortste keren uitverkocht zijn, dat kon niet missen; we moesten snel en beslissend toeslaan, wilden we ze bemachtigen.

Dat toeslaan werd, terwijl wij nog talmden, gedaan door onze vriend Christopher, een man die bij grote evenementen op uitgaansgebied de hele operatie met militaire precisie leidt. Hij regelde alles, en gaf ons alleen onze marsorders: aantreden om 18.00 uur, diner in Orange onder een magnolia om 19.30 uur, om 21.00 uur op onze plaatsen in het theater. Alle manschappen dienden voorzien te zijn van kussens ter bescherming van billen tegen stenen banken. Vochtrantsoenen voor de pauze aanwezig. Terug op basis rond 01.00 uur.

Er zijn momenten waarop het een opluchting en een genot is om alleen maar exact opgedragen te krijgen wat je doen moet, en dit was er een van. We vertrokken klokke zes, en troffen bij onze aankomst in

Orange, een uur later, de stad in feeststemming aan. Elk café was afgeladen en rumoerig, en extra tafeltjes en stoelen stonden tot op straat zodat autorijden een soort behendigheidsproef in het ontwijken van kelners werd. Nu al, meer dan twee uur voor de voorstelling, stroomden honderden mensen voorzien van kussens en picknickmanden naar het theater. De restaurants hadden speciale menu's in de aanbieding voor de *soirée* Pavarotti. *Le tout* Orange wreef zich vol voorpret in de handen. En toen begon het te regenen.

De hele stad keek omhoog – kelners, automobilisten, kussendragers en zonder twijfel de maëstro zelf ook – toen de eerste aarzelende druppels neerploften in stoffige straten die weken droog waren gebleven. *Quelle catastrophe!* Zou hij nu onder een paraplu gaan staan zingen? Hoe kon het orkest spelen met vochtige instrumenten, hoe kon de dirigent dirigeren met een druipend dirigeerstokje? De hele duur van de bui kon je duizenden mensen bijna hun adem vóelen inhouden.

Maar tegen negenen was de regenval allang opgehouden en de eerste sterren verschenen boven de immense muur van het theater toen we ons aansloten bij het gedrang van muziekliefhebbers en langs de uitstalling van te koop aangeboden Pavarottiana langs de ingang schuifelden. Cd's, bandjes, posters, T-shirts – al de produkten van de populaire commercie waren er, afgezien van autostickers met I Love Luciano erop.

De rij kwam telkens even tot stilstand, alsof er zich voorbij de ingang een obstakel bevond, en toen wij het theater betraden begreep ik ook waarom. Je bleef vanzelf staan – je móest even blijven staan, een paar seconden maar, om het uitzicht vanaf het toneel op je in te laten werken, het uitzicht dat Pavarotti hebben zou.

Duizenden en duizenden gezichten vormden rij na vage rij bleke vlekjes tegen de duisternis, in halve cirkels die omhoog en in de nacht verdwenen. Van de grond af gezien kreeg je een soort omgekeerde hoogtevrees. De toeschouwers leken in een hachelijke positie tegen een onmogelijke steile helling aangeplakt te zitten, op het punt in de kuil neer te tuimelen. Het geluid dat ze maakten was griezelig om aan te horen – niet helemaal een gefluister, maar wel iets dat onder het normale spreekvolume bleef, een ononderbroken, zacht gezoem van conversatie dat door de stenen muren binnengehouden en versterkt werd. Ik had het gevoel een menselijke bijenkorf te zijn binnengestapt.

We klommen naar onze zitplaatsen, een meter of dertig boven het toneel, precies tegenover een nis hoog in de muur waar een door een schijnwerper beschenen standbeeld van keizer Augustus in gala-toga zijn arm hief naar de menigte. In zijn tijd telde de bevolking van Orange ongeveer 85.000 zielen; nu bedraagt ze nog geen 30.000, van wie de meesten die avond pogingen in het werk leken te stellen een paar onbezette vierkante centimeter steen te vinden om op te zitten.

Een vrouw van operazangeressenomvang viel zwaar puffend na het beklimmen van de trappen naast mij op haar kussen neer en woof zich koelte toe met het programma. Ze was afkomstig uit Orange, rond van gezicht en gemoedelijk, en ze was al vele keren eerder in het theater geweest. Maar zoveel publiek had ze nog nooit gezien, zei ze. Ze keek de koppen langs en voerde haar berekeningen uit: 13.000 mensen, vast en zeker. *Dieu merci* dat de regen was opgehouden.

Plotseling barstte applaus los toen de leden van het orkest in een rijtje het toneel opkwamen, en hun instrumenten begonnen te stemmen, in muziekfragmenten die helder en doordringend door het verwachtingsvolle gonzen van de menigte heen klonken. Met een roffel van de pauken ter afsluiting viel het orkest stil en keek, zoals iedereen in het theater, naar de achterzijde van het toneel. Recht onder het standbeeld van Augustus was de centrale ingang met zwarte gordijnen afgedekt. De rijen hoofden om ons heen bogen zich allemaal tegelijk voorover, alsof ze het gerepeteerd hadden, en vanachter het gordijn verscheen de in zwart-wit geklede figuur van de dirigent.

Een nieuwe explosie van handgeklap, en een schril onregelmatig fluitconcert van de plaatsen ver achter en boven ons. Madame Hiernaast tut-tutte. Dit was toch geen voetbalwedstrijd. *Épouvantable* gedrag. In feite was het waarschijnlijk geheel in overeenstemming met de traditie, aangezien het gefluit afkomstig was van de plaatsen voor bedelaars en prostituées, niet een gedeelte waarvandaan men zou verwachten een beschaafd applaus te horen opstijgen.

Het orkest speelde een ouverture van Donizetti, en de muziek zweefde en duikelde door de nachtlucht, onvervormd en op natuurlijke wijze versterkt, en baadde het theater in klanken. De akoestiek was genadeloos helder. Als er vanavond ook maar één enkele valse noot weerklonk zou praktisch heel Orange het weten.

De dirigent boog en liep terug naar het gordijn, en toen volgde er een ogenblik – nauwelijks langer dan een seconde – waarop onder 13.000 mensen volstrekte stilte heerste. En toen, begroet door een gebrul dat als een fysieke slag moet hebben aangevoeld, verscheen daar de grote man in eigen persoon, zwart haar, zwarte baard, rokkostuum, een volumineuze witte zakdoek wapperend aan zijn linkerhand. Hij breidde zijn armen uit ter begroeting van de menigte. Hij legde zijn handpalmen tegen elkaar en boog het hoofd. Pavarotti was gereed om te gaan zingen.

Boven, in de engelenbak, waren ze echter nog niet gereed om hun gefluit te staken – een doordringend gefluit met twee vingers in de mond waarmee men een taxi van de andere kant van Orange had kunnen aanroepen. Madame Hiernaast was ontzet. Opera-hooligans, dat waren het. Ze deed *sssst*. Duizenden anderen deden *sssst*. Hernieuwd gefluit van de 'bedelaars en prostituées'. Paverotti bleef staan wachten. Hoofd omlaag, armen langs zijn lichaam. De dirigent hief zijn stokje. Begeleid door nog een paar laatste tartende fluittonen begonnen ze.

'*Quanto è cara, quanto è bella*,' zong Pavarotti. Het klonk zo gemakkelijk; door het volume van zijn stem leek het theater niet groter dan een concertzaal. Hij stond heel stil, met zijn gewicht op zijn rechterbeen, de hiel van zijn linkervoet iets boven de grond, de zakdoek licht bewegend in de avondbries – een ontspannen, volmaakt beheerste voorstelling.

Hij besloot met een ritueel dat hij de hele avond zou blijven herhalen: een opwaarts rukje van het hoofd aan het eind van de laatste noot, een brede grijns, een wijd uitspreiden der armen alvorens hij zijn handpalmen bijeenbracht en het hoofd boog, een handdruk voor de dirigent terwijl het applaus omlaag denderde om tegen de achtermuur uiteen te slaan.

Een tweede aria volgde, en voor het applaus verstorven was werd hij door de dirigent naar het gordijn voor de ingang geëscorteerd en verdween. Ik stelde me voor dat hij nu zijn stembanden ging laten rusten, en een versterkende lepel honing tot zich nemen. Maar Madame Hiernaast had een andere theorie, en die bleef me de volgende twee uur intrigeren.

'*À mon avis*,' zei ze, 'gebruikt hij een licht diner tussen de aria's door.'

'Och nee toch, Madame,' zei ik.

'*Sssst*. Hier komt de fluitist.'

Aan het eind van het stuk kwam Madame nog eens op haar stelling terug. Pavarotti, zo zei ze, was een grote man en een beroemde lekkerbek. Het was een lange voorstelling. Zingen zoals hij dat deed, *comme un ange*, was zwaar werk dat veel van je eiste. Het was in alle opzichten logisch dat hij zich van enig versterkend voedsel zou voorzien in de tijdsspannen die hij niet op het toneel was. Als ik het programma eens goed bekeek, zou ik zien dat het best zodanig kon zijn opgesteld dat er ruimte bleef voor een goed over de avond verdeelde souper van zes gangen, te nuttigen terwijl het orkest het publiek zoethield. *Voilà!*

Ik bekeek het programma, en ik moest toegeven dat Madame hier zeker gelijk in had. Het kon heel goed, en toen ik tussen de aria's door las verscheen een heel menu:

DONIZETTI
(Insalata di carciofi)

CILEA
(Zuppa di fagioli alla Toscana)

ENTRACTE
(Sagliole alle Veneziana)

PUCCINI
(Tonnelini con funghi e piselli)

VERDI
(Formaggi)

MASSENET
(Granita di limone)

ENCORE
(Caffè e grappa)

En dan was er nog een ander, zichtbaarder teken dat het zangsouper niet uitsluitend een produkt van Madames verbeelding hoefde te zijn. Net als iedereen had ik aangenomen dat het witte linnen vierkant dat Pavarotti zo elegant rond zijn linkerhand gedrapeerd hield een zakdoek was. Maar het was groter dan een zakdoek, veel groter. Ik merkte dit tegen Madame op, en ze knikte.

'*Évidemment,*' zei ze, '*c'est une serviette.*' Aldus haar stelling bewezen hebbend, ging ze lekker achteruit zitten om van de rest van het concert te genieten.

Pavarotti was onvergetelijk, niet alleen vanwege

zijn zang, maar ook vanwege de manier waarop hij het publiek bespeelde, de enkele vocale afwijking in de partituur riskeerde, de dirigent prijzend op de wang klopte toen het allemaal goed kwam, met vlekkeloze timing opkwam en afging. Na een van zijn verblijven achter het gordijn kwam hij terug met om zijn hals een lange blauwe sjaal die tot zijn middel reikte – tegen de koele avondlucht, of dat dacht ik tenminste.

Madame wist natuurlijk beter. Hij heeft een ongelukje met de een of andere saus gehad, zei ze, en hij heeft die sjaal om om de vlekken op zijn witte vest te verbergen. Is hij niet goddelijk?

Het officiële programma liep ten einde, maar het orkest bleef nog wat doorspelen. Uit de engelenbak steeg een aanhoudend spreekkoor op – *Ver-di! Ver-di! Ver-di!* – en deze keer verspreidde de roep zich door het hele publiek totdat Pavarotti te voorschijn kwam om ons een tweede portie encores te offreren: *Nessun dorma, O sole mio,* opperste vervoering bij het publiek, buigingen van het orkest, een laatste groet van de ster en het was voorbij.

We deden er een half uur over om het theater uit te komen, en toen we buiten stonden zagen we twee enorme Mercedessen van het theater wegrijden. 'Ik wil wedden dat hij dat is,' zei Christopher. 'Ik vraag me af waar hij gaat eten.' Omdat hij niet naast Madame gezeten had zou hij nooit weten wat er zich achter het zwarte gordijn had afgespeeld. Dertienduizend mensen hadden bij Pavarotti aan de dinertafel gezeten zonder het te beseffen. Ik hoop dat hij nog eens naar Orange komt, en ik hoop dat ze dan die volgende keer het menu in het programma afdrukken.

– 15 –
Een lesje over pastis

ijzeren tafeltjes en kale rieten stoelen worden in de schaduw van zware platanen neergezet. Het loopt tegen twaalven, en de happen stof die de canvaslaarsjes van een over het plein schuifelende man doen opwaaien blijven een lang ogenblik in de lucht hangen, scherp afgetekend tegen het felle zonlicht. De kelner van het café kijkt op van zijn nummer van *L'Équipe* en slentert naar buiten om de bestelling op te nemen. Hij komt terug met een klein glas, misschien voor een kwart gevuld als hij royaal geweest is, en een bedauwde karaf met water. De inhoud van het glas wordt troebel wanneer je het volschenkt, het krijgt een kleur ergens tussen geel en nevelig grijs, en je ruikt de scherpe, zoete geur van anijszaad.

Santé. Je drinkt *pastis*, de melk van de Provence.

Voor mij is het werkzaamst ingrediënt van de *pastis* niet het anijszaad of de alcohol, maar de *ambiance*, en dat bepaalt hoe en waar je het moet drinken. Ik kan me niet voorstellen dat je *pastis* vlug-vlug zou drinken. Ik kan me niet voorstellen dat je het in een pub in Fulham zou drinken, in een bar in New York, of in welke gelegenheid ook waar men van de klanten verlangt dat ze sokken dragen. Het zou niet hetzelfde smaken.

Ik moet er hitte en zonlicht bij hebben en de illusie dat de klok stil is blijven staan. Ik moet in de Provence zijn.

Voordat ik hierheen verhuisde had ik *pastis* altijd beschouwd als een genotmiddel, een Frans nationaal produkt dat door twee giganten werd gemaakt. Je had Pernod, je had Ricard, en dat was het wel.

Toen begon ik andere namen tegen te komen – Casanis, Janot, Granier – en ik vroeg me af hoeveel verschillende *marques* er eigenlijk waren. In de ene bar telde ik er vijf, in de andere zeven. Elke Provençaal die ik ernaar vroeg wist er natuurlijk alles van. Elk van hen gaf me een ander, met veel nadruk gebracht en vermoedelijk inaccuraat antwoord, compleet met vernietigende opmerkingen over de merken die hij persoonlijk zijn schoonmoeder nog niet zou voorzetten.

Slechts bij toeval stuitte ik op een echte *pastis*-professor, en aangezien hij toevallig ook een heel goede kok is, was het bijwonen van zijn colleges geen bezoeking.

Michel Bose was geboren in Avignon en later verhuisd naar Cabrières, enkele kilometers verderop. Alweer twaalf jaar leidt hij nu een restaurant in het dorp, *Le Bistrot à Michel*, en elk van die twaalf jaar heeft hij zijn winst in het bedrijf gestopt. Hij heeft een groot terras aan het restaurant toegevoegd, de keukens vergroot, vier slaapkamers bijgebouwd voor klanten die zich te veel vermoeid hebben of zich te ongebreideld hebben laten gaan, en in algemene zin *chez Michel* tot een gerieflijk, drukbeklant oord gemaakt.

Maar ondanks alle verbeteringen, en het zo af en toe opduiken van rondzwervend sjiek onder de zomercliëntèle, is één ding niet veranderd. De bar voor in het restaurant is nog steeds de dorpsbar. Elke avond zit er een half dozijn mannen met zonverbrande gezichten en in werkkleding, die binnen zijn komen vallen, niet om er te eten, maar om bij een paar drankjes te debatteren over *boules*. En die drankjes zijn onveranderlijk glaasjes *pastis*.

Op een avond troffen we bij ons arriveren Michel aan achter de bar waar hij een informele *dégustation* leidde. Zeven of acht verschillende merken werden op hun mérites gekeurd door de plaatselijke liefhebbers; sommige merken had ik nog nooit gezien.

Een *pastis*keuring is niet het rustige, bijna religieuze ritueel dat je in de kelders van de Bordeaux of Bourgondië zou kunnen zien uitvoeren, en Michel moest zijn stem verheffen om zich verstaanbaar te maken boven het lipgesmak en de harde tikken waarmee de glazen op de bar werden neergezet.

'Probeer deze eens,' zei hij. 'Net zoals moeder 't vroeger maakte. Komt uit Forcalquier.' Hij schoof me over de bar een glas toe en schonk die vol uit een zwetende metalen kan waarin ijsblokjes rammelden.

Ik nam een teugje. Dit maakte moeder vroeger? Twee of drie glaasjes hiervan, en dan mocht ik van geluk spreken als ik op mijn handen en knieën de trap nog opkwam naar een van de slaapkamers. Ik zei dat het me nogal sterk leek, en Michel liet me de fles zien: 45% alcohol, sterker dan cognac, maar niet boven de wettelijk toegestane grens voor *pastis*, en bepaald nog licht vergeleken bij een *pastis* die Michel eens te drinken had gekregen. Twee glaasjes daarvan, zei hij, en je viel plat achterover, met een glimlach op je gezicht, *plof!* Maar dat was wel een hele speciale *pastis* geweest, en uit Michels halve knipoog begreep ik dat ze ook niet helemaal aan de wettelijke voorschriften voldeed.

Hij liep plotseling uit de bar weg, alsof hij zich in-eens een *soufflé* in de oven herinnerde, en kwam terug met enkele voorwerpen in zijn hand die hij voor me op de bar neerzette.

'Weet u wat dit zijn?'

Het waren: een hoog glas op een korte, dikke voet, met een spiralenpatroon erop geëtst; een kleiner, zwaar glas, even klein van doorsnee als een vinger-hoed en tweemaal zo hoog; en iets dat eruitzag als een platgeslagen metalen lepel versierd met symmetrische rijen gaatjes. Achter de onhandige bak van de lepel bevond zich op de steel een U-vormige inkeping.

'Deze tent was al een café lang voordat ik de zaak overnam,' zei Michel. 'Ik heb deze spullen gevonden toen we een muur uitbraken. U heeft ze nog nooit eer-der gezien?'

Ik had geen idee wat het waren.

'In de oude tijd had elk café ze. Ze zijn voor *absinthe*.' Hij kromde een wijsvinger om de punt van zijn neus, en draaide die om in het gebaar voor dronkenschap. Hij pakte het kleinste van de beide glazen op. 'Dit is de *dosette*, het oude maatglas voor *absinthe*.' Het was stevig en lag lekker in de hand, en voelde toen hij het me aanreikte even zwaar aan als een klompje lood. Hij nam het andere glas en legde de lepel er voorzichtig bovenop; de inkeping in de steel paste keurig over de rand van het glas.

'*Bon.* Hier' – hij tikte op de bak van de lepel – 'leg je suiker. Dan schenk je water over de suiker en die druppelt door de gaten in de *absinthe*. Het drankje was aan het eind van de vorige eeuw enorm *à la mode.*'

Absinthe, aldus vertelde Michel me, was een groene likeur die oorspronkelijk werd gedistilleerd uit wijn en alsem. Heel bitter, opwekkend, en hallucinogeen, verslavend en gevaarlijk. Ze bevatte bijna 70% alcohol en kon blindheid veroorzaken, epilepsie en krankzinnigheid. Men beweert dat Van Gogh onder invloed van *absinthe* verkeerde toen hij zijn oor afsneed, en Verlaine toen hij Rimbaud neerschoot. Er werd een ziekte naar genoemd – *absinthisme* – en de verslaafde placht zeer vaak '*casser sa pipe*' en het hoekje om te gaan. Om deze reden is het drankje in 1915 bij de wet verboden.

Een man die niet blij zal zijn geweest dat het uit de roulatie genomen werd was Jules Pernod, die een *absinthe*fabriek bezat in Montfavet, dicht bij Avignon. Maar hij hing de huik naar de wind door over te stappen op een drankje dat gebaseerd was op het wettelijk toegestane *anis.* Het sloeg meteen aan, en had het niet geringe voordeel dat de klanten in leven bleven en nog eens een nieuwe fles kwamen halen.

'Dus u ziet,' zei Michel, 'dat de commerciële *pastis* in Avignon geboren is, net als ik. Probeer er nog eentje.'

Hij pakte een fles Granier van de plank, en nu kon ik zeggen dat ik thuis hetzelfde merk had staan. Granier, '*mon pastis*' zoals op het etiket staat, wordt in Cavaillon gemaakt. Ze bezit een zachtere kleur dan het tamelijk gemene groen van Pernod, en ik vind ze ook minder scherp. Ook ben ik er altijd voor de plaatselijke industrie bij haar inspanningen te steunen als haar produkten goed smaken.

De Granier ging naar binnen en ik stond nog rechtop aan de bar. Als ik mijn eerste les wilde voortzetten, zei Michel, moest ik nog een andere *pastis* proberen, een *grande marque*, zodat ik me een weloverwogen oordeel kon vormen over een aantal merken die onderling licht varieerden in smaak en kleur. Hij gaf me een Ricard.

Het viel nu zo langzamerhand niet meer mee om nog een afstandelijke en wetenschappelijk houding te bewaren bij het vergelijken van de ene *pastis* met de andere. Ik vond ze allemaal lekker – puur van smaak, soepel en verraderlijk. De ene bevatte misschien een pietsje meer drop dan de andere, maar na enkele sterksmakende en sterk-alcoholische glaasjes treedt een zekere verdoving van het verhemelte op. Het is een plezierige verdoving, en enorm eetlustopwekkend, maar elk spoortje van kritische benadering waar ik mogelijk mee begonnen was, was ergens tussen het tweede en derde glas wel verdwenen. Als *pastis*kenner was ik hopeloos. Geestdriftig, uitgehongerd, maar hopeloos.

'Hoe was de Ricard?' vroeg Michel. Ik zei dat de Ricard prima was geweest, maar dat ik voor één avond misschien wel genoeg *pastis*-onderricht genoten had.

Dagen daarna bleef ik nog dingen neerkrabbelen die ik Michel wilde vragen. Ik vond het bijvoorbeeld wonderlijk dat het woord *pastis* zo welbekend was en zulke krachtige associaties wekte, en toch een even duistere oorsprong leek te hebben als de drank zelf. Wie had de *pastis* uitgevonden voordat Pernod de drank onder zijn beheer genomen had? Waarom hoorde ze zo duidelijk in de Provence thuis in plaats van in Bourgogne of in de Loire-streek? Ik ging toch nog maar eens bij de professor te rade.

Altijd wanneer ik een Provençaal iets vroeg over de Provence – of het nu ging over het klimaat, het eten, de geschiedenis, de gewoonten van de dieren of het rare gedrag van mensen – werd ik met antwoorden overladen. De Provençaal vindt het heerlijk je te onderrichten, gewoonlijk met een hele hoop persoonlijke verfraaiingen van het verhaal erbij en bij voorkeur aan een tafeltje gezeten. En zo was het deze keer ook. Michel organiseerde een lunch op de enige dag van de week waarop zijn restaurant normaliter gesloten is, met enkele vrienden die hij beschreef als '*hommes responsables*' die mij met alle genoegen wegwijs zouden maken.

We verzamelden ons met ons achttienen onder de grote witte canvas paraplu op Michels binnenplaats en ik werd voorgesteld aan een vage zee van gezichten en namen en nadere specificaties: een regeringsambtenaar uit Avignon, een wijnbouwer uit Carpentras, twee mensen van Ricard, enkele oude getrouwen uit Cabrières. Er was zelfs iemand met een das om, maar die liet hij na vijf minuten over zijn hoofd glijden en hing hem in een lus over een drankenwagentje. Dat was het begin en het eind van elke eventuele formaliteit.

Het grootste deel van de mannen deelde Michels passie voor *boules*, en de wijnbouwer uit Carpentras had enkele kistjes van zijn speciale *cuvée* voor hem meegenomen, op de etiketten waarvan een wedstrijd in volle gang stond afgebeeld. Terwijl de *rosé* koud stond te worden en de rode wijn werd ontkurkt, werd inmiddels met gulle hand de drank voor de sportman

en de steun en toeverlaat van de *boules*speler uitge-
schonken, *le vrai pastis de Marseille, le pastis Ricard.*

Het succes van Paul Ricard, die in 1909 is geboren
en volgens een van zijn werknemers nog steeds vraagt
om moeilijkheden, is een klassiek voorbeeld van een
energieke en intelligente aanpak. Zijn vader was wijn-
handelaar, en de jonge Paul kwam voor zijn werk in
de bars en *bistrots* van Marseille. In die dagen waren de
wetten op de bereiding van sterke drank niet streng,
en veel bars maakten dan ook hun eigen *pastis*. Ricard
besloot ook aan de slag te gaan, maar hij voegde aan
zijn drankje een ingrediënt toe dat de andere misten,
namelijk een speciaal flair voor promotie. *Le vrai pastis
de Marseille* zal misschien niet zo heel anders zijn geweest dan de andere soorten, maar ze was goed, en
werd nog beter door Ricards talent voor het aan de
man brengen van zijn produkt. Het duurde niet lang
of zijn pastis was de populairste, althans in Marseille.

Ricard was eraan toe om uit te breiden, en hij nam
een besluit dat waarschijnlijk zijn grote succes ettelijke
jaren vervroegde. De streek rond Marseille was een
markt waar grote concurrentie woedde; je kon overal
pastis krijgen, het was een heel gewoon drankje. En
Marseille zelf genoot onder haar buren niet de beste
reputatie. (Ook nu nog wordt een Marseillais beschouwd als een *blagueur,* iemand die alles overdrijft en
een sardientje zal beschrijven als was het een walvis,
iemand die je niet helemaal geloven kunt.)

Maar iets verder naar het noorden kon je *pastis* als
iets exotisch brengen, en op grotere afstand werd de
reputatie van Marseille ook beter. Dat kon worden
omkleed met de charme van het zuiden – een enigs-

zins losbandige, ontspannen, zonnige charme, die de aan ijzige winters en grauwe luchten gewende noorderling wel zou aanspreken. Dus ging Ricard naar het noorden, eerst naar Lyon en daarna naar Parijs, en de formule werkte. Vandaag de dag zou het echt iets ongewoons zijn om waar dan ook in Frankrijk een bar te vinden zonder een fles met *vrai pastis de Marseille*.

De man van Ricard die me dit allemaal vertelde praatte met oprechte affectie over zijn *patron*. Monsieur Paul, zei hij, was *un original*, iemand die elke dag op zoek was naar nieuwe uitdagingen. Toen ik vroeg of hij zich zoals zoveel grote zakenlieden ook met politiek bezighield, volgde een vermaakt gesnuif. 'Politici? Daar spuugt hij op. Op allemaal.' Ik kon enig begrip voor die opstelling opbrengen, maar ergens vond ik het toch ook wel weer jammer. Het idee van een *pastis*magnaat als president van Frankrijk sprak me wel aan, en zijn reclameleus had hem vast ook wel de overwinning bij de verkiezingen bezorgd: *Un Ricard, sinon rien.*

Maar Ricard had de *pastis* niet uitgevonden. Net als Pernod had hij iets gebotteld en op de markt gebracht dat er al was. Waar was de drank in eerste begin vandaan gekomen? Wie had als eerste de *anis*, het zoethout en de alcohol dooreen gemengd? Was er ooit een monnik geweest (om de een of andere reden hebben monniken een zekere affiniteit met het uitvinden van alcoholische dranken, vanaf champagne tot aan Benedictine) die op een gezegende dag in de keuken van het klooster die ontdekking had gedaan?

Niemand van mijn tafelgenoten wist precies hoe het eerste glas *pastis* zijn intrede in een dorstige wereld had gedaan, maar een Provençaal heeft zich er nooit door het ontbreken van exacte informatie van laten weerhouden om een mening te poneren als een feit, of een legende op te dissen als een betrouwbaar brokje geschiedenis. De minst geloofwaardige, en derhalve favoriete, verklaring was de theorie van de kluizenaar – daar kluizenaars immers vrijwel even goed als monniken zijn wat het uitvinden van ongewone *apéritifs* betreft.

Deze bepaalde heremiet woonde in een hut diep in het woud op de hellingen van de Lubéron. Hij verzamelde kruiden die hij liet trekken in een reusachtige kookpot, de traditionele borrelende toverketel die zich kan verheugen in zo'n populariteit onder heksen, tovenaars en alchemisten. De sappen die na het koken in de pot achterbleven bezaten bijzondere eigenschappen, niet alleen wat het lessen van des kluizenaars dorst aanging, maar ook als beschermmiddel tegen de pestepidemie die dreigde de bevolking van de Lubéron te decimeren. De kluizenaar was een grootmoedig man en hij deelde zijn drankje met pestlijders, die daarop onmiddellijk genazen. Misschien, net als Paul Ricard lang na hem, de mogelijkheden in ruimer verband voor zijn wonderbrouwsel bevroedend, verliet hij zijn hut in het bos en deed wat elke zakelijk ingestelde heremiet gedaan zou hebben: hij trok naar Marseille en opende een bar.

De minder tot de verbeelding sprekende maar meer voor de hand liggende reden dat *pastis* uit de Provence stamt, is dat de ingrediënten er voor het oprapen lagen. De kruiden waren goedkoop of gratis. De meeste boeren maakten hun eigen wijn en distilleerden hun

eigen, tot barstende hoofdpijn aanleiding gevende, li-
keurs, en tot vrij kort geleden was het recht drank te
distilleren iets wat in de familie van vader op zoon kon
worden overgedragen. Dat recht is nu voor iedereen
herroepen, maar er zijn nog enkele *distillateurs* over
aan wie het tot hun dood bij de wet is toegestaan zelf
te maken wat ze opdrinken, en *pastis maison* bestaat
nog steeds.

Madame Bose, Michels vrouw, is in de buurt van
Carpentras geboren en herinnert zich nog dat haar
grootvader vroeger een *pastis* maakte die tweemaal zo
sterk was als de gewone, met een bij de wet verboden
alcoholpercentage, een drank waar een standbeeld
nog van tegen de grond zou slaan. Op een dag kreeg
grootvader bezoek van de dorps*gendarme*. Een officieel
bezoek, op de officiële motor, in volledig tenue, nooit
een goed teken. De *gendarme* liet zich overhalen een
van opa's dynamietsterke glaasjes *pastis* te nuttigen; en
daarna nog een, en nog een derde. Waar de *gendarme*
voor kwam is nooit ter sprake gekomen, maar grootvader moest twee ritjes met zijn bestelwagentje naar
de *gendarmerie* maken. Het eerste om er de bewusteloze
politieman af te leveren samen met zijn motorfiets; het
tweede ter nabezorging van zijn laarzen en zijn *pistolet*,
die naderhand onder de tafel ontdekt waren.

Zo ging dat vroeger. En ergens in de Provence gaat
het waarschijnlijk nog steeds zo.

– 16 –
In de buik van Avignon

Het Place Pic in het centrum van Avignon ligt er in de groezelig-grauwe ogenblikken net voor het aanbreken van de dag troosteloos bij. Het is een architectonische bastaardvorm van een plein, waarop aan twee zijden verwaarloosde maar elegante gebouwen uitkijken op een oerlelijk monument voor de moderne ruimtelijke ordening. Een afgestudeerde van de *béton armé*school in de bouw heeft de vrije hand met het beton gekregen, en hij heeft er het ergst mogelijke mee aangericht.

Banken, niet meer dan lompe plakken beton, staan om een centraal opgestelde monstruositeit heen neergekwakt. Maar op die banken kan de vermoeide sightseeër even rusten en de blik laten dwalen over een tweede, nog veel imposantere gruwel voor het oog: drie vlekkerige betonnen bouwlagen die op weekdagen om acht uur 's ochtends al volgepropt met auto's staan. De reden van al die auto's, en de reden waarom ik vroeg genoeg op de Place Pic was om de rozige gloed van de dageraad over het beton te zien glijden, is dat de beste etenswaren die je in Avignon kunt krijgen, worden aangeboden en verkocht onder de parkeergarage, in *Les Halles*.

Ik arriveerde er enkele minuten voor zessen en zette de auto neer op een van de weinige overgebleven gaatjes op de eerste verdieping van de garage. Onder mij zag ik op de *place* twee menselijke voddenbalen zitten wier huid dezelfde kleur had als de bank waar ze op zaten. Ze genoten samen van een liter rode wijn en namen om de beurt een slok uit de fles. Een *gendarme* kwam naar hen toe en wenkte hen door te lopen en bleef vervolgens met zijn handen op zijn heupen staan kijken of ze wel gingen. Ze liepen weg met de zakkerige, verslagen gang van mannen zonder hoop en zonder plek om heen te gaan, en streken neer op het trottoir aan de overkant van de *place*. De *gendarme* haalde zijn schouders op en wendde zich af.

Het contrast tussen de stille, levenloze leegte van de *place* en het inwendige van *Les Halles* was plotseling en volledig. Aan de ene kant van de deur lag een stad nog steeds te slapen; aan de andere kant heerste een zee van licht en vrolijke kleuren, een drukte van belang met veel geschreeuw en gelach. Hier was de werkdag al volop en luidruchtig aan de gang.

Ik moest opzij springen om een aanvaring te vermijden met een karretje dat manshoog was volgestapeld met kratten perziken en werd voortgeduwd door een man die bij het zwierig ronden van de bocht '*Klaxon! Klaxon!*' scandeerde. Achter hem volgden andere wagentjes met wiebelende lading. Ik keek om me heen naar een veilig heenkomen uit dit hogesnelheidsverkeer van fruit en groente, en sprintte weg naar een bord waar *buvette* op stond. Als ik dan toch overreden ging worden had ik het liefst dat de tragedie zich aan een bar voltrok.

Volgens het bord waren Jacky en Isabelle de eige-

naars van de *buvette* en zij verkeerden in een staat van
beleg. De bar was zo afgeladen dat drie mannen dezelfde krant lazen, en alle tafeltjes in de buurt waren
bezet door de eerste klanten voor het ontbijt, of misschien wel de lunch. Aan het eten was moeilijk te zien
welke maaltijd het betrof. *Croissants* werden in stevige
dampende koppen *café crème* gedoopt vlak naast kan-
nen rode wijn en worstebroodjes zolang als een onderarm, of bier en warme knapperige vierkante pizza-
parten. Ik voelde even een licht verlangen naar het
ontbijt van kampioenen, de kwart liter rode wijn en
het brood met worst, maar bij het krieken van de dag
al mogen drinken is de beloning voor een hele nacht
werken. Ik bestelde koffie en probeerde iets wat op orde leek in de chaos om me heen te ontdekken.

Les *Halles* beslaan een oppervlakte van misschien ze-
ventig meter in het vierkant, en daarvan worden er
maar heel weinig centimeters verspild. Drie hoofd-
gangen scheiden de *étaux*, kraampjes van uiteenlopende grootte, en op dat moment in de ochtend kon je je
maar moeilijk voorstellen dat de klanten ooit bij die
kraampjes zouden kunnen komen. Kratten, gemal-
traiteerde kartonnen dozen en pluizige plukken hout-
wol stonden en lagen in hoge stapels voor veel van de
kraamtafels, en de vloer lag bezaaid met slachtoffers
van de drukte – slabladeren, geplette tomaten, ver-
dwaalde *haricots*, die bij de laatste met halsbrekende
snelheid afgewerkte fase van de bezorging hun houvast verloren hadden.

De kraamhouders waren te druk bezig met het op-
schrijven van de prijzen van die dag en het schikken
van hun produkten om vijf minuten te kunnen missen

voor een bezoekje aan de bar, en brulden om koffie,
die hun werd gebracht door Isabelles serveerster, een
acrobatisch aangelegd meisje dat met vaste hand haar
dienblad over de kratten heen manoeuvreerde. Ze
slaagde er zelfs in om op de been te blijven in de geva-
renzone rondom de visverkopers, waar de vloer glib-
berig was van het ijs dat mannen met rode, openge-
haalde handen en rubber schorten voor op de stalen
toonbankbladen schepten.

Het maakte een lawaai als van grind op glas, en dan
was er nog een ander, pijnlijker aandoend geluid dat
door het geroezemoes sneed; dat van de slagers die
botten doormidden zaagden en pezen doorhakten
met ferme, gevaarlijk snelle klappen van hun hakmes-
sen. Ter wille van hun vingers hoopte ik maar dat ze
geen wijn bij het ontbijt gehad hadden.

Na een half uur kon ik veilig uit de bar weg. De stapels kratten waren weggehaald, de trolleys geparkeerd, het verkeer vond nu te voet plaats in plaats van
op wielen. Een legertje bezems had de her en der op
de grond gevallen groenten weggeveegd, prijzen waren genoteerd op op prikkers staande plastic bordjes,
kassa's waren ontsloten, men had koffie gedronken.
Nu konden er zaken worden gedaan; *Les Halles* waren
er klaar voor.

Ik heb nooit zoveel verse etenswaren in zo'n grote
variëteit in zo'n beperkte ruimte bijeen gezien. Ik telde
vijftig kraampjes, waarvan er vele geheel aan één enkele specialiteit waren gewijd. Er waren twee stalletjes
waar men olijven verkocht – alleen olijven – op elke
denkbare manier bereid: olijven *à la grecque*, olijven in
kruidenolie, olijven gemengd met felrode stukjes pi-

ment, olijven uit Nyons, olijven uit Les Baux, olijven die er uitzagen als kleine zwarte pruimpjes of als uitgerekte groene druiven. Ze lagen uitgestald in rijen ondiepe houten bakken, en glansden alsof ze stuk voor stuk waren opgepoetst. Aan het eind van de rij zag je de enige niet-olijven, namelijk ansjovissen in het vat, uit Collioure, dichter op elkaar gepakt dan welk blikje sardientjes ook, scherp en zoutig toen ik me voorover boog om aan ze te ruiken. Madame achter de toonbank zei me er eentje te proberen, met een dikke zwarte olijf. Wist ik hoe je *tapenade* maakte, de pasta van olijven en ansjovis? Als ik daar elke dag een potje van leeg at haalde ik gemakkelijk de honderd.

Volgende kraam, volgende specialist: alles met veren eraan. Duiven, geplukt en dichtgebonden, kalkoenen, eendeborst en drumsticks van jonge eenden, drie verschillende leden van de kippenaristocratie, waarvan de topkippen, de *poulets de Bresse*, getooid waren met rood-wit-blauwe labels als waren het medailles. *Légalement contrôlée*, stond er op de labels, door het *Comité Interprofessionel de la Volaille de Bresse*. Ik kon me voorstellen hoe de uitverkoren kippen hun decoraties uitgereikt kregen door een deftig lid van het comité, bijna zeker met de traditionele kus aan weerszijden van de snavel.

En dan waren er de vissoorten, kieuw aan kieuw uitgestald op een hele rij kramen die bijna de hele lengte van een muur besloeg, veertig meter of nog meer glinsterende schubben en nog heldere ogen. Walletjes van fijngestampt ijs scheidden de pijlinktvis van de tonijn, donker van het bloed, de *rascasses* van de *loups de mer*, de kabeljauw van de vleet. Hele piramiden

van strandgapers, van de weekdieren die *seiches* heten,
van alikruiken, minuscule kleine grijze garnaaltjes en
monsterachtige *gambas*, vis voor de *friture*, vis voor *soupe*, zeekreeften met de kleur van donker staal; plotseling opvlammend geel van de schaaltjes met verse ci-
troenen op de toonbank, vlugge handen druk aan het
snijden en schoonmaken met lange smalle messen, het
zuigend geluid van rubberlaarzen op de natte stenen
vloer.

Het liep tegen zevenen, en de eerste huisvrouwen
begonnen met veel vingergeprik en geknijp te bedenken wat ze die avond zouden klaarmaken. De markt
gaat om 5.30 uur open, en het eerste halfuur is officieel gereserveerd voor de *commerçants* en de restaurant-
eigenaars, maar ik zag echt niet voor me dat iemand
voldoende moed zou hebben om een vastbesloten ma-
trone uit Avignon die haar boodschappen voor zes
uur gedaan wilde hebben ook maar een strobreed in
de weg te leggen. Wil je de beste spullen, doe dan
vroeg je boodschappen, zo was ons dikwijls gezegd, en
wil je het goedkoopst uit zijn, wacht dan tot net voordat de markt sluit.

Maar wie zou zo lang kunnen wachten, omgeven
door zoveel verleidelijks? Op een kort stukje langs de
kraampjes had ik in gedachten al een dozijn keer gegeten. Een kom met bruine scharreleieren veranderde in
een *piperade*, met Bayonneham van het kraampje er-
naast en pepers van een metertje of wat verderop. Dat
hield me op de been tot ik bij de gerookte zalm en ka-
viaar belandde. Maar dan had je nog de kaassoorten,
de *saucissons*, de *pâtés* van konijn en haas en varkensvlees, de grote bleke klompen *rillettes*, de *confits de canard*

– je zou wel gek zijn om ze niet allemaal te proberen.

Het scheelde weinig of ik had mijn naspeuringen stilgelegd voor een picknick in de parkeergarage. Alles wat ik nodig had – plus brood uit het ene kraampje en wijn uit het andere – bevond zich binnen twintig meter van me af, vers en schitterend gepresenteerd. Bestond er een betere manier om de dag te beginnen? Het drong tot me door dat mijn eetlust zich aan de omgeving had aangepast en ettelijke uren had overgeslagen. Mijn horloge deelde me mee dat het 7.30 uur was. Mijn maag fluisterde dat het tijd was voor de lunch, en wat kon mij dat horloge schelen. Ik ging maar eens ergens vloeibare geestelijke steun zoeken in de vorm van nog wat koffie.

Er zijn drie bars in *Les Halles* – Jacky en Isabelle, Cyrille en Evelyne, en de gevaarlijkste van de drie, *Chez Kiki*, waar ze al champagne gaan serveren lang voordat de meeste mensen zijn opgestaan. Ik zag twee robuuste mannen elkaar toedrinken, hun *flûtes* champagne elegant geheven tussen grove vingers; ze hadden aarde onder hun nagels en aarde op hun zware laarzen. Kennelijk hadden ze hun kroppen sla die ochtend voor een mooie prijs van de hand gedaan.

Op de tussengangen en bij de kramen wemelde het nu van leden van het koperspubliek, die boodschappen deden met de gespannen, enigszins achterdochtige gelaatsuitdrukking van mensen die vastbesloten waren de meest malse, de meest sappige, de beste produkten te bemachtigen. Een vrouw zette haar leesbril op om een rij bloemkolen te inspecteren die er in mijn ogen allemaal precies hetzelfde uitzagen. Ze pakte er een op, woog die in haar hand, bekeek aandachtig het

dichte witte bloemhoofd, snoof eraan, legde hem terug. Dit deed ze drie keer voordat ze haar keuze
maakte, en toen hield ze de kraamhouder over haar
bril heen in de gaten om er zeker van te zijn dat hij
niet probeerde de bloemkool in te wisselen tegen een
minder perfect exemplaar uit de achterste rij. Ik herinnerde mij hoe me in een Londense groentewinkel eens
gezegd was niet aan de groenten te zitten. Hier zou
men diep geschokt zijn als diezelfde misselijke verboden hier ook werden ingevoerd. Nooit worden groenten en vruchten gekocht voordat ze eerst bevoeld zijn,
en elke kraamhouder die probeerde protest tegen die
gewoonte aan te tekenen zou onmiddellijk van de
markt verbannen worden.

Avignon heeft zijn *Halles* al sinds 1910, ofschoon de
ruimte onder de parkeergarage pas sinds 1973 in gebruik is. Dat was alle informatie die het meisje op het
kantoortje me kon verschaffen. Toen ik vroeg naar de
hoeveelheid etenswaren die er op een dag of in een
week verkocht werd, haalde ze alleen maar haar
schouders op en zei me dat het *beaucoup* was.

En *beaucoup* was het zeker wat er allemaal in alle mogelijke vervoersfaciliteiten werd gepropt en opgestapeld, vanaf gehavende koffers tot handtassen die eindeloos uitrekbaar leken. Een oudere man met O-
benen, in een korte broek en met een valhelm op, rolde zijn Mobylette naar binnen om zijn boodschappen
van die ochtend op te halen – een plastic *cageot*, met
meloenen en perziken, twee enorme manden waar de
inhoud bijna uitbarstte, een katoenen zak met een dozijn *baguettes* erin. Hij verdeelde het gewicht zorgvuldig
over zijn vervoermiddel. Het kratje fruit werd met

snelbinders op het rekje achter het zadel bevestigd, de manden werden aan de beide handvatten gehangen, de broodzak over zijn rug geslingerd. Toen hij zijn last – voldoende eten voor een week – de markt afreed, schreeuwde hij nog naar een van de kraamhouders: '*À demain!*'

Ik keek hem na toen hij zich bij het verkeer op de Place Pic voegde; het kleine motortje van zijn voertuig sputterde van de inspanning, en hij zat met zijn hoofd voorover over het stuur gebogen, waarbij de *baguettes* van zijn rug omhoog staken als dikke goudkleurige pijlen in een pijlkoker. Het was elf uur, en het café tegenover de markt had de tafeltjes op het trottoir al klaar staan voor de lunch.

− 17 −
Zomerse briefkaarten

Het heeft ons drie jaar gekost om het feit te accepteren dat wij door het jaar heen weliswaar in één en hetzelfde huis, maar op twee verschillende plekken blijken te wonen.

Wat wij als het normale leven beschouwen begint in september. Afgezien van op marktdagen in de stadjes is het nooit ergens druk. Overdag is er spaarzaam verkeer op de buitenwegen – een tractor, een paar bestelwagens – 's avonds en 's nachts zo goed als niet. In elk restaurant is altijd wel een tafeltje vrij, behalve misschien zondags voor de lunch. Het sociale leven voltrekt zich met tussenpozen en op ongecompliceerde wijze. De bakker heeft brood, de loodgieter heeft tijd voor een praatje, de postbode heeft tijd voor een drankje. Na het eerste oorverdovende weekend van het jachtseizoen is het stil in het bos. Op elke wijngaard is een gebogen, peinzende figuur aan het werk tussen de wijnstokken, heel langzaam de ene rij afwerkend en dan weer heel langzaam langs de volgende terug. De uren tussen twaalf en twee 's middags zijn van elk leven verstoken.

En dan komen we bij juli en augustus.

Die bekeken we vroeger altijd als gewoon twee

maanden van het jaar; hete maanden, dat wel, maar geen maanden waarvoor een bijzondere aanpassing van ons vereist werd, afgezien dan van het invoegen van een middagsiësta.

Dat zagen we fout. In juli en augustus wonen we nog steeds in de Lubéron, maar het is niet dezelfde Lubéron. Het is de Lubéron *en vacances*, en onze vroegere pogingen om in abnormale tijden ons normale leven doorgang te doen vinden zijn treurig mislukt. Zo enorm mislukt dat we er zelfs even over gedacht hebben de zomer maar helemaal voor gezien te houden en ergens heen te gaan waar het grauw en koel en vredig is, zoals de Hebriden.

Maar als we dat deden zouden we de zomer waarschijnlijk toch missen, de hele zomer, zelfs die dagen en gebeurtenissen waardoor we tot zwetende, kribbige, oververmoeide zombies verworden. Dus hebben we besloten ons maar in de zomer-Lubéron te schikken, ons best te doen ons bij de rest van de vakantievierende wereld aan te sluiten en net als die anderen briefkaarten naar verre vrienden te sturen om hen te laten weten hoe heerlijk we het hebben. Hier volgen er enkele.

Op de luchthaven Marignane

Drie uur 's middags, en nog steeds taal noch teken van het vliegtuig van één uur.

Toen ik opbelde voor bevestiging dat het op tijd zou arriveren, kreeg ik de standaard optimistische leugen te horen. En dus vertrok ik om 11.30 uur van huis en bracht het heetste uur van een hete dag door op de *autoroute*, onafgebroken bezig met het vermijden van een plotselinge dood te midden van een zwerm Renault 5-projectielen die vroeg die ochtend uit Parijs gelanceerd waren met als doel de Côte d'Azur. Hoe kunnen die mensen nog sturen met alle vier de wielen van de grond?

Op het mededelingenbord voor de aankomsttijden staat *un petit retard* aangegeven, niet erg, drie kwartier maar. Tijd voor een kop koffie, twee koppen koffie. De vluchten naar Oran hebben ook vertraging, en de hal van de luchthaven is bezaaid met Arabische arbeiders en hun gezinnen op thuisreis, de kinderen weggestopt tussen volgepropte plastic koffers met blauwe en roze en witte strepen. De donkere, doorploegde gezichten van de mannen staan geduldig-berustend.

Het meisje achter de balie beantwoordt mijn vraag over de vlucht door naar het mededelingenbord te wijzen: drie kwartier vertraging. Als ik zeg dat het toestel al een uur te laat is, schokschoudert ze en raadpleegt de kristallen bol in haar computer. Ja, het is zoals op het bord staat aangegeven, drie kwartier vertraging. Is het vliegtuig al uit Londen vertrokken? Ja, zegt ze. Maar ik weet dat ze net zo getraind is in misleiding van het publiek als de hele rest.

Het is even voor vijven wanneer het toestel binnenkomt en de passagiers met bleke gezichten en een slecht humeur in de hal verschijnen. Ze hebben de eerste uren van hun vakantie zittend op de landingsbaan in Heathrow doorgebracht. Sommigen van hen begaan de vergissing hun paspoort ongeduldig voor de beambte van de immigratie op de balie neer te kwak-

ken. Hij neemt wraak door elke bladzijde met nauw-
gezette, ergerlijke grondigheid door te nemen, waarbij
hij er tussen elke twee bladzijden alle tijd voor neemt
om zijn vingertop te bevochtigen.

Daar komen mijn vrienden, verkreukeld maar opgewekt. Nog een paar minuutjes om de bagage op te
pikken en dan kunnen we ruim op tijd thuis zijn om
nog even te zwemmen voor het avondeten. Maar een
kwartier later staan ze nog steeds bij de verlaten baga-
geafdeling te wachten. De luchtvaartmaatschappij
heeft voor een van hun koffers een aparte vakantie-
bestemming uitgezocht – New Castle, Hong Kong,
wie zal het weten? – en de andere verloren schapen
vinden we bij de Gevonden Voorwerpen.

Om 19.30 uur zijn we thuis, bijna op de seconde af
acht uur nadat ik van huis ging.

Saint-Tropez

Cherchez les nudistes! Het seizoen voor natuurminnaars
is weer geopend, en een plotselinge snelle stijging in
het aantal sollicitanten naar een functie bij de politie
van Saint-Tropez valt te verwachten.

De burgemeester, Monsieur Spada, heeft gedecre-
teerd dat er uit een oogpunt van veiligheid en hygiëne
niet meer naakt gezonnebaad mag worden op de
openbare stranden. '*Le nudisme intégral est interdit,*' zegt
Monsieur Spada, en hij heeft de politie bevoegdheid
gegeven om overtreders aan te houden en te arresteren. Nou ja, misschien niet aan te houden, maar op te
sporen en een boete van 75 franc te geven, die kan

oplopen tot zelfs wel 1500 franc als ze een publiek schandaal hebben verwekt. Waar een nudist nu precies 1500 franc zou kunnen bewaren is een vraag die de plaatselijke bevolking sterk bezighoudt.

Intussen heeft een protesterende groep nudisten hun hoofdkwartier ingericht tussen een groepje rotsen achter *la plage de la Moutte*. Een woordvoerster van de groep heeft verklaard dat er onder geen beding badpakken zullen worden aangetrokken. Wou dat je hier was.

Het meloenenveld

Faustins broer Jacky, een pezig mannetje van een jaar of zestig, verbouwt meloenen op het veld tegenover ons huis. Het is een groot veld, maar hij doet al het werk zelf, en met de hand. In de lente heb ik hem er dikwijls zes of zeven uur aan het werk gezien, zijn rug geknikt als een scharnier, met zijn schoffel inhakkend op het onkruid dat zijn aanplant dreigt te smoren. Hij sproeit geen onkruidverdelgers – wie wil er nu een meloen eten die naar chemicaliën smaakt? – en ik denk dat hij het leuk vindt zijn akkertje op de traditionele manier te verzorgen.

Nu de meloenen rijp worden komt hij elke morgen om zes uur naar het veld om de plukrijpe vruchten eraf te halen. Hij brengt ze naar Ménerbes, waar ze in ondiepe houten kratjes worden verpakt. Van Ménerbes gaan ze naar Cavaillon, en van Cavaillon naar Avignon, naar Parijs, overal heen. Jacky verkneukelt zich bij de gedachte aan die mensen in sjieke restaurants die *une petite fortune* betalen voor zoiets onnozels als een meloen.

Als ik vroeg genoeg opsta krijg ik hem nog te pakken voordat hij naar Ménerbes gaat. Hij heeft altijd wel een paar meloenen die te rijp zijn om een grote afstand te reizen, en die verkoopt hij voor een paar franc aan mij.

Wanneer ik naar het huis terugloop komt de zon net boven de berg uit en valt er plotseling een warm schijnsel op mijn gezicht. De meloenen, lekker zwaar in mijn handen, zijn nog koel van de nachtlucht. We eten ze bij het ontbijt, vers en zoet, binnen tien minuten nadat ze geplukt zijn.

Achter de bar

Er is een bepaald moment waarop een zwembad ophoudt een luxe te zijn en bijna noodzaak wordt, en dat punt wordt bereikt wanneer het kwik naar de veertig graden stijgt. Wanneer mensen bij ons informeren naar het huren van een huis voor de zomer, zeggen we hun dit altijd, en sommigen knopen het goed in hun oren.

Anderen doen dat niet, en hangen binnen twee dagen na hun aankomst aan de telefoon om ons te vertellen wat wij hun al eerder verteld hebben. Het is zo *heet* zeggen ze. Te heet om te tennissen, te heet om te fietsen, te heet om dingen te gaan bekijken, te heet, te heet. Oh, hadden we maar een zwembad. Jullie boffen maar.

Dan volgt er een hoopvol stilzwijgen. Is het mijn verbeelding of kan ik werkelijk de zweetdruppels op de pa-

gina's van de telefoongids horen vallen gelijk een zo-
merregen?

Ik veronderstel dat de oplossing hier gelegen is in
een ferme maar behulpzame opstelling. Er is een open-
baar zwembad dicht bij Apt, als je het niet erg vindt het
water te delen met een paar honderd kleine bruine der-
wisjes die er van hun schoolvakantie genieten. Dan is er
de Middellandse Zee, maar een uurtje rijden hier vandaan, nou ja, met die drukte op de weg zou dat wel twee
uur kunnen worden. Denk erom dat je wat flessen Évi-
an in de auto meeneemt. Je hebt er natuurlijk niets aan
om uitgedroogd te raken.

Of je zou de luiken kunnen sluiten tegen de zon, de
dag binnenshuis doorbrengen en verfrist de avondlucht weer inspringen. Dit zou het verkrijgen van een
mooi bruin kleurtje als aandenken bemoeilijken, maar
een zonnesteek zou in ieder geval uitgesloten zijn.

Deze gevoelloze en minne suggesties zijn me nog
niet door het hoofd gegaan of de wanhoop in de stem
van de ander verandert in opluchting. Natuurlijk! We
zouden 's morgens wel even vlug een duik kunnen komen nemen zonder jullie te storen. Alleen even poe-
delen. Jullie zullen niet eens weten dat we geweest
zijn.

Ze komen tegen de middag, met vrienden. Ze
zwemmen. Ze zonnebaden. Zeer tot hun verrassing
krijgen ze op een gegeven moment dorst, en daarom
sta ik dus achter de bar. Mijn vrouw staat in de keuken
het middagmaal voor zes man te bereiden. *Vivent les vacances.*

De nachtwandeling

De honden redden het in de hitte door erdoorheen te
slapen, languit uitgestrekt op de binnenplaats of opge-
rold in de schaduw van de rozemarijnhaag. Ze komen
tot leven als het roze in de avondlucht overgaat in
duisternis, steken hun neus in de wind, en verdringen
elkaar om onze voeten in het blijde vooruitzicht van
een wandeling. We pakken de zaklamp en lopen achter hen aan het bos in.

Daar ruikt het naar warme dennenaalden en hard-
gebakken aarde, droog en kruidig wanneer we op een
polletje tijm trappen. Kleine onzichtbare wezentjes
glibberen van ons weg en ritselen door de blaadjes van
de wilde buxus die hier groeit als onkruid.

Geluiden dragen ver: *cigales* en kikkers, het doffe
bonzen van muziek door het open raam van een huis
ver weg, het gerinkel en stemgemompel van het
avondmaal die omhoog komen zweven van Faustins
terras. De heuvels aan de overkant van de vallei die
tien maanden per jaar geen menselijke bewoning kennen, zijn nu bestippeld met lichtjes die eind augustus
weer uit zullen gaan.

We gaan naar huis terug en doen onze schoenen
uit, en de warmte van de flagstones noodt ons nog
even te gaan zwemmen. Een duik in het donkere water, en dan een laatste glas wijn. De hemel is helder op
een warboel van sterren na; morgen zal het weer een
hete dag worden. Een hete, trage dag, net als vandaag.

Een klein mechanisch probleempje

Onze vriendin had besloten haar oude auto in te ruilen voor een nieuwe, en de jonge autoverkoper was vastbesloten haar op zijn hele ingestudeerde praatje te onthalen. Kek in het pak, ondanks de hitte, paradeerde hij om de auto heen en wees met grote zwierige gebaren de diverse pluspunten ervan aan, met veel vertoon van zijn manchetten en gerinkel van zijn sieraden.

Onze vriendin doorstond dit met alle geduld die ze op kon brengen, en opperde toen dat een proefrit misschien wel een praktische manier was om de vele deugden van de auto te kunnen beoordelen.

Natuurlijk, zei de verkoper, *mais attention!* Hij nam zijn zonnebril af om zijn woorden kracht bij te kunnen zetten. Dit model is veel meer *nerveuse* dan het uwe. Toen ik de wagen hier vandaag naar toe reed, was zelfs ik onder de indruk. Eén tikje op het gaspedaal en je vliegt weg. U zult het zien.

Na veel pietepeuterig bijstellen van de stoel en een laatste waarschuwing over de ongelooflijke felheid die slechts op ontketening wachtte, kreeg onze vriendin de contactsleutel toegestoken.

De motor kuchte een keer en viel stil. Een tweede en derde poging boekten al evenmin succes. De glimlach op het gezicht van de verkoper verflauwde. Het was duidelijk dat de auto behoefte had aan een stevige mannenhand. Nu nam *hij* plaats op de bestuurdersstoel en kreeg vervolgens de motor evenmin aan de praat. *Incroyable!* Wat *kon* er aan de hand zijn? Hij klapte de motorkap omhoog en bekeek de motor. Hij rommelde onder het dashboard op zoek naar een los contactje.

Was het misschien mogelijk, vroeg onze vriendin, dat er benzine in de auto moest? De verkoper probeerde op meesterlijke wijze zijn hoon te verbergen voor leeghoofdige vrouwen die zulke belachelijke vragen stelden, maar om haar een genoegen te doen draaide hij opnieuw het contactsleuteltje om en keek naar de benzinemeter. De auto stond droger dan droog. Hij wrong zich weer de auto uit. Ongelukkigerwijze was dit maar een kleine showroom en geen garage en was er dus ter plekke geen benzine te krijgen. Voor de proefrit moest dan maar een nieuwe afspraak worden gemaakt. Kon Madame 's middags terugkomen? Nee? *Merde.*

Het verlangen de verkoop rond te krijgen zegevierde over de hitte en de ergernis over zijn gezichtsverlies, en de jongeman in het kekke pak moest een wandeling van bijna een kilometer langs de N 100 maken om een jerrycan benzine van de dichtstbijzijnde garage te lenen, ondertussen de showroom onder het beheer van onze vriendin achterlatend. Ze maakte een grapje over het de volgende keer wel zullen meebrengen van haar eigen benzine als ze een auto kwam kopen, welke scherts niet in goede aarde viel.

Tot aan mijn knieën in de lavendel

Ik had met een snoeischaar de lavendel staan bijknippen, en ik was maar langzaam en amateuristisch bezig; nog geen dozijn struikjes in bijna een uur. Toen

Henriette met een mand aubergines bij het huis kwam aanzetten was ik blij deze kans om op te houden aan te kunnen grijpen.

Henriette keek naar de lavendel, keek naar de snoeischaar, en schudde haar hoofd over de onwetendheid van haar buurman. Wist ik dan niet hoe ik lavendel af moest snijden? Wat moest ik met die snoeischaar? Waar was mijn *faucille?*

Ze ging naar haar bestelwagentje en kwam terug met een zwart verkleurde sikkel, waarvan de naaldscherpe punt om veiligheidsredenen in een oude wijnkurk was gestoken. Hij was verrassend licht, en leek scherp genoeg om me mee te scheren. Ik maakte een paar zwaaitjes door de lucht, en Henriette schudde opnieuw haar hoofd. Het was wel duidelijk dat ik behoefte had aan enige instructie.

Ze hees haar rok op en attaqueerde de dichtstbijzijnde rij lavendelstruikjes, waarbij ze de lange stelen met haar ene arm tot een dikke bos bijeennam en met één enkele soepele haal van de sikkel onderaan afsneed. In vijf minuten had ze meer afgesneden dan ik in een uur. Het zag er heel gemakkelijk uit; bukken, bijeennemen, haal met de sikkel. Niks aan.

'*Voilà!*' zei Henriette. 'Toen ik nog een klein meisje was in de Basses Alpes, hadden we hele hectares lavendel en geen machines. Iedereen gebruikte de *faucille.*'

Ze gaf me het ding terug, zei me op te passen voor mijn benen, en ging zich bij Faustin in de wijngaard voegen.

Het snijden ging niet zo gemakkelijk als het er uitzag, en mijn eerste poging leverde een raar toegeta-

keld, ongelijk struikje op, dat meer afgeknaagd dan afgesneden leek. Het drong tot me door dat de sikkel
voor rechtshandige lavendelsnijders gemaakt was, en
dat ik mijn linkshandigheid moest compenseren door
hem van me af te bewegen. Mijn vrouw kwam naar
buiten om me te zeggen op te passen voor mijn benen.
Ze vertrouwt me niet met scherp gereedschap, en dus
was ze gerustgesteld me van mijn lichaam weg te zien
snijden. Zelfs met mijn geniaal talent voor het ver-
wonden van mijzelf leek weinig risico te bestaan dat ik
een of ander lichaamsdeel zou amputeren.

Ik was net bij het laatste struikje toen Henriette terugkwam. Ik keek op in de hoop op lovend commentaar en haalde mijn wijsvinger tot bijna op het bot
open. Ik bloedde als een rund, en Henriette vroeg of
ik soms bezig was mezelf een manicure te geven. Haar
gevoel voor humor stelt me soms voor raadselen.
Twee dagen later gaf ze mij een sikkel helemaal voor
mij alleen, en deelde me mee dat ik die onder geen beding mocht gebruiken zonder handschoenen aan.

De alcoholische neigingen van wespen

De Provençaalse wesp mag dan klein zijn, hij heeft een
gemene steek over zich. Ook heeft hij een weinig held-
haftige 'prikken-en-wegwezen'-manier van aanvallen
in het zwembad. Hij peddelt van achteren op zijn
nietsvermoedend slachtoffer toe, wacht totdat er een
arm de lucht in gaat en – *tok!* – steekt je diep in je oksel.
Het blijft nog uren pijn doen, en mensen die eenmaal
gestoken zijn hullen zich daarom dikwijls in bescher-

mende kleding alvorens te gaan zwemmen. Dit is de plaatselijke versie van de Miss-Nat-T-shirt verkiezing.

Ik weet niet of alle wespen op water gesteld zijn, maar hier zijn ze er dol op – ze drijven rond in het ondiepe en dommelen in de plasjes op de flagstones, steeds één oogje openhoudend voor de onbewaakte oksel en de gevoelige extremiteit – en na een werkelijk rampzalige dag waarop niet alleen oksels maar ook binnenkanten van dijen voltreffers moesten incasseren (kennelijk kunnen sommige wespen hun adem inhouden en onder water opereren), werd ik op wespenvallen uitgestuurd.

Toen ik ze vond, in een *droguerie* in een van de achterafstraatjes van Cavaillon, had ik ook het geluk net een deskundige op het gebied van wespen achter de toonbank aan te treffen. Hij demonstreerde het nieuwste model wespenval, een plastic afstammeling van de oude glazen hangende vallen die men soms nog op vlooienmarkten vindt. Deze val was speciaal voor het gebruik bij zwembaden ontworpen, zei hij, en kon absoluut onweerstaanbaar voor wespen gemaakt worden.

De val bestond uit twee delen. De onderste helft werd gevormd door een rond kommetje, door drie platte steunen boven de grond gehouden, met een van de bodem omhoog voerende trechter. Het bovenste deel paste over het onderste en verhinderde wespen, die door de trechter waren gekropen, te ontsnappen.

Maar dat, zei de wespenexpert, was het eenvoudige gedeelte van de val. Moeilijker, subtieler, grotere artisticiteit vereisend, was het aas. Hoe brengt men een wesp ertoe om de geneugten van het vlees op te geven en door de trechter de val in te klimmen? Waarmee was hij weg te lokken van het zwembad?

Wanneer je enige tijd in de Provence hebt doorgebracht, leer je bij elke aankoop een korte lezing te verwachten, of het nu om een biologisch geteelde kool gaat (twee minuten) of een bed (een half uur of langer, afhankelijk van de toestand van je rug). Voor een wespenval moet je tussen de tien en vijftien minuten uittrekken. Ik maakte het me gerieflijk op de kruk voor de toonbank en luisterde.

Naar het bleek houden wespen van alcohol. Sommige wespen hebben die graag *sucré*, andere prefereren een vruchtensmaak, en er zijn zelfs wespen die overal in zullen kruipen voor een drupje *anis*. Het is, zo zei de expert, een kwestie van experimenteren, een afweging van smaken en consistentie tot men het mengsel vindt dat het verhemelte van de plaatselijke wespenpopulatie aanspreekt.

Hij deed me een paar basisrecepten aan de hand: zoete vermouth met honing en water, verdunde *crème de cassis*, donker bier pittiger gemaakt met *marc*, onverdunde *pastis*. Als extra lokmiddel kan men de tunnel ook nog licht met honing aantippen, en er moet altijd een plasje water recht onder de tunnel liggen.

De expert zette een val op de toonbank in elkaar, en voerde met twee vingers een imitatie uit van een wesp die een wandelingetje maakt.

Aangetrokken door het plasje water blijft hij staan. De vingers hielden halt. Hij gaat op het water toe, en dan wordt hij zich bewust van verrukkelijke geuren recht boven hem. Hij klimt door de trechter omhoog om de zaak te onderzoeken, hij springt in zijn cocktail, *et voilà!* – hij kan er niet meer uit, te dronken om weer door de trechter naar buiten te kruipen. Hij sterft, maar als een gelukkige wesp.

Ik kocht twee vallen en probeerde de recepten uit. Ze werkten allemaal, wat mij tot de overtuiging brengt dat de wesp ernstige drankproblemen heeft. En nu wordt een gast die een beetje te veel van het goede heeft gehad bij ons omschreven als zo bezopen als een wesp.

De *maladie du Lubéron*

De meeste seizoenkwalen van de zomer worden, of ze nu onplezierig of pijnlijk of alleen maar gênant zijn, door de omgeving toch ten minste met enig mededogen beschouwd. Van een man die bezig is bij te komen van een explosieve ontmoeting met één *merquez* te veel wordt niet verwacht dat hij zich in beschaafd gezelschap begeeft voordat zijn gestel weer helemaal het oude is. Hetzelfde geldt voor derdegraadsverbranding door de zon, *rosé*vergiftiging, schorpioensteken, overdadig knoflookgebruik of de draaierigheid en misselijkheid veroorzaakt door langdurige blootstelling aan de Franse bureaucratie. Je maakt een lijdensweg door, maar daarbij word je tenminste alleen en met rust gelaten.

Er is een andere aandoening, erger dan schorpioenen of foute worstjes, waaraan wij zelf hebben geleden en die we ook vele malen hebben waargenomen bij andere permanente buitenlandse bewoners van dit stille hoekje van Frankrijk. De symptomen doen zich gewoonlijk ergens rond midden juli voor en houden aan tot begin september: glazige en bloeddoorlopen ogen, geeuwzucht, verlies van eetlust, kortaangebondenheid, lethargie en een lichte vorm van paranoia die zich openbaart in het plotseling verlangen in een klooster te gaan.

Dit is de *maladie du Lubéron*, ofwel sluipende sociale vermoeidheid, en ze wekt ongeveer dezelfde mate van medeleven als de dienstbodeproblemen van de miljonair.

Als wij de patiënten – de vaste buitenlandse bewoners van de streek – onderzoeken, kunnen we wel zien waarom deze ziekte optreedt. Deze mensen hebben hun werk, hun vrienden ter plaatse, hun ongehaaste vaste routines. Ze hebben er bewust voor gekozen om in de Lubéron te gaan wonen in plaats van in een van de cocktailhoofdsteden van de wereld omdat ze, zo niet aan de hele zooi, dan toch wel aan het grootste deel ervan wilden ontsnappen. Dit excentriek verlangen wordt tien maanden per jaar begrepen en getolereerd.

Probeer het in juli en augustus eens uit te leggen. Daar komen de bezoekers, fris uit het vliegtuig of verhit van de *autoroute*, trappelend van verlangen naar sociale activiteit. Laat ons eens kennismaken met wat van de mensen hier! Niks rustig lezen in de hangmat, niks boswandeling. Niks rust en eenzaamheid; zij willen mensen zien – mensen op de lunch, mensen bij de borrel, mensen bij het avondmaal – en dus vliegen er uitnodigingen en tegenuitnodigingen over en weer totdat weken achtereen elke dag zijn eigen sociale hoogtepunt heeft.

Wanneer dan de vakantie besloten wordt met het laatste, met vele flessen opgeluisterd diner, kan men soms zelfs op de gezichten van de bezoekers enige tekenen van afmatting waarnemen. Ze hadden geen idee dat het hier zo'n dolle boel was. Ze bedoelen het niet helemaal schertsend wanneer ze zeggen dat ze thuis even zullen moeten bijkomen van alle drukte van de laatste dagen. Gaat het hier altijd zo? Hoe houden jullie het vol?

Het gaat hier niet altijd zo, en we houden het niet vol. Zoals veel van onze vrienden storten we tussen de ene logeerpartij en de volgende telkens even in, bewaken we dagen zonder afspraken en vrije avonden als een bok de haverkist, eten we weinig en drinken we nog minder, en gaan we vroeg naar bed. En elk jaar weer praten we, wanneer de stofwolken zijn opgetrokken, met andere leden van de club van gekwelde Lubéron-bewoners over manieren om de zomer haar karakter van uithoudingsproef wat te ontnemen.

We zijn het er allemaal over eens dat ferm optreden de oplossing is. Vaker nee zeggen dan ja. Het hart verharden tegen de onverwachte bezoeker die geen hotelkamer kan vinden, het zielige kind zonder zwembad, de radeloze reiziger die zijn portefeuille is kwijtgeraakt. Ferm zijn; behulpzaam zijn, vriendelijk zijn, onvriendelijk zijn, maar bovenal *ferm* zijn.

En toch weet ik – ik denk dat we het allemaal wel weten – dat het de volgende zomer weer net zo zal gaan. Misschien moesten we er maar gewoon van genieten. En dat zouden we ook wel, als we maar niet aan het eind van onze krachten waren.

Place du village

Van het dorpsplein zijn de auto's verbannen, en aan drie zijden zijn kramen of tafels op schragen neergezet. Langs de vierde zijde ondersteunt een geraamte van steigerwerk behangen met knipperende gekleurde lampjes een van houten planken gemaakt verhoogd platform. Buiten het café is de gebruikelijke enkele rij tafeltjes en stoelen met tien vermenigvuldigd, en er is een extra kelner aangetrokken om de verspreid zittende menigte klanten die zich uitstrekt van de slagerswinkel tot aan het postkantoor, te bedienen. Kinderen en honden zitten elkaar door de drukte achterna, pikken suikerklontjes van de tafels en duiken weg voor de wandelstokken waarmee de oude mannetjes in gespeelde woede naar hen zwaaien. Vanavond gaat niemand vroeg naar bed, zelfs de kinderen niet, want dit is het jaarfeest van het dorp, het *fête votive*.

Het begint in de namiddag met een *pot d'amitié* op het plein en de officiële openstelling van de kramen. Plaatselijke ambachtslieden, mannen met glanzend gladde wangen van een snelle middagscheerbeurt, staan achter hun tafels met het glas in de hand, of leggen de laatste hand aan hun uitstalling. Er zijn pottenbakkersprodukten en sieraden, honing en lavendelreukwater, met de hand geweven stoffen, kunstnijverheidsprodukten van ijzer en steen, schilderijen en houtsnijwerk, boeken, briefkaarten, bewerkt leer, kurketrekkers met handvatten van kromgegroeid olijfhout, zakjes van gedessineerde stof met gedroogde kruiden erin. De pizzaverkoopster doet goede zaken wanneer de mensen na het eerste glaasje wijn honger krijgen.

Het volk slentert weg, eet, komt weer terugslenteren. De avond valt, de lucht is warm en roerloos, de bergen in de verte zijn nog net als diepzwarte bulten tegen de hemel te onderscheiden. De uit drie man bestaande accordeongroep stemt zijn instrumenten op het platform en steekt van wal met de eerste van vele *paso dobles*, terwijl de rockgroep uit Avignon die later zijn opwachting zal maken alvast wat repeteert in het café, met bier en *pastis*.

De eerste dansers komen de vloer op – een oude man en zijn kleindochtertje dat met haar neus tegen zijn riemgesp gedrukt met haar voetjes in hachelijk evenwicht op zijn schoenen balanceert. Ze krijgen gezelschap van een moeder, vader en dochter die met z'n drieën dansen, en dan nog van ettelijke oudere paren die elkaar met stijve formaliteit omvat houden, en met gezichten strak van de concentratie proberen de diverse stappen terug te vinden die ze vijftig jaar geleden geleerd hebben.

Het *paso doble*-recital eindigt met een lange uithaal en een roffel van accordeon en drums, en de rockgroep loopt warm met vijf minuten lawaai van elektronische piepgeluiden die terugstuiteren tegen de oude stenen muren van de kerk tegenover het podium.

De zangeres van de groep, een goedgebouwde jongedame in nauwsluitend zwart lycra en een knaloranje pruik, trekt al publiek nog voor ze een noot gezongen heeft. Een oude man wiens petklep bijna zijn vooruitstekende kin aanraakt, heeft een stoel uit het café aan de andere kant van het plein gesleept om recht voor de microfoon plaats te kunnen nemen. Wanneer de zangeres haar eerste nummer inzet komen wat dorpsjongens, moed vattend door zijn voorbeeld, uit de schaduwen en gaan bij de stoel van de oude man staan. Ze blijven allemaal als gehypnotiseerd opstaren naar het net boven hun hoofden rondwentelende glanzend zwarte bekken.

Bij gebrek aan mannelijke partners dansen de dorpsmeisjes dan maar met elkaar, zo dicht mogelijk langs de ruggen van de gebiologeerd omhoog kijkende jongens. Een van de kelners zet zijn blad neer om wat malle capriolen uit te voeren voor een leuk meisje dat met haar ouders aan de kant zit. Ze bloost en buigt het hoofd, maar haar moeder geeft haar een bemoedigend duwtje. Ga nu maar dansen. De feestdag is gauw genoeg voorbij.

Na een uur muziek die de ramen van de huizen rond het plein uit hun sponningen dreigt te doen springen, komt de groep met de finale. Met een doorleefdheid, een Piaf op een neerslachtige avond waardig, onthaalt de zangeres ons op *Comme d'habitude*, ofwel My Way, eindigend in een snik, met haar oranje hoofd over de microfoon geknakt. De oude man knikt en bonst met zijn stok op de grond, en de dansers gaan terug naar het café om te zien of er nog bier over is.

Normaliter zou er nu ook *feu d'artifice* worden afgestoken op het veld achter het oorlogsmonument. Dit jaar is vuurwerk vanwege de droogte verboden. Maar het was een goed *fête*. En heb je de postbode zien dansen?

– 18 –
Arresteer die hond!

Van een vriend in Londen, die mij af en toe op de hoogte brengt van onderwerpen van internationaal belang die mogelijk in *Le Provençal* niet aan de orde komen, kreeg ik een verontrustend kranteknipsel toegestuurd. Het kwam uit *The Times*, en er werd een onuitsprekelijke schurkenstreek in onthuld, een messteek diep in het gevoeligste deel van de anatomie van de Fransman.

Een bende schavuiten had witte truffels (soms vol verachting aangeduid als 'industriële' truffels) uit Italië geïmporteerd en met kleurstof van walnoten op kleur gebracht tot hun velletjes donker genoeg waren om ze voor zwarte truffels te laten doorgaan. Deze hebben, zoals iedere fijnproever weet, oneindig veel meer smaak dan hun witte neven, en kosten oneindig veel meer geld. Naar mijn oordeel had de verslaggever van *The Times* de prijzen ernstig onderschat. Hij had het over 400 franc per kilo, wat in Parijs een stormloop op Fauchon zou hebben doen ontstaan, waar ik ze als juwelen in de etalage geschikt had gezien voor 7.000 franc per kilo.

Maar daar ging het niet om. Het was de *aard* van het misdrijf. Hier waren de Fransen, de zelfverklaarde kampioenen van de gastronomie, bedrogen met namaakdelicatessen, aan hun smaakpapillen was te kort gedaan en hun portefeuille was leeggeplukt. Nog erger, men was bij het plegen van de fraude niet eens op tweederangs truffels uit Frankrijk zelf teruggevallen, maar op vaalbleke inferieure rommel uit Italië. *Italië,* God betert!

Ik had ooit een Fransman zijn oordeel over Italiaans eten in één lasterlijk zinnetje horen verwoorden: met de pasta is het basta. En toch hadden honderden, misschien wel duizenden Italiaanse neptruffels zich onder de grofste valse voorwendselen toegang tot de toch ter zake kundige Franse magen gebaand. De afgang was erg genoeg om je hele *foie gras* nat te schreien.

Het verhaal herinnerde me aan Alain, die eens aangeboden had mij op een dagje truffelzoeken aan de voet van de Mont Ventoux mee te nemen, en me de vaardigheden van zijn dwergvarken te demonstreren. Maar toen ik hem opbelde zei hij dat hij maar een heel mager seizoen beleefde, ten gevolge van de droogte van de zomer. *En plus,* het experiment met het varkentje was op een mislukking uitgelopen. Ze was niet geschikt voor het werk. Niettemin had hij wel wat truffels als we belangstelling hadden, klein maar lekker. We spraken af elkaar in Apt te ontmoeten, waar hij iemand spreken moest over een hond.

Er is in Apt een café dat op marktdag stampvol zit met mannen die truffels te verkopen hebben. Onder het wachten op hun klanten doden ze de tijd met het valsspelen bij het kaartspel en het opdissen van leugens over het bedrag dat ze een langskomende Parijzenaar voor anderhalf ons modder en schimmel af hebben kunnen zetten. Ze hebben een opvouwbare weegschaal in hun zak, en oeroude Opinel-messen met een houten handvat waarmee ze kleine sneetjes in het oppervlak van de truffel maken om te bewijzen dat de zwarte kleur niet alleen aan de buitenkant zit. De cafégeuren van koffie en zwarte tabak zijn nu vermengd met de lucht van aarde, bijna van verrotting, die de inhoud van de morsige linnen zakjes op de tafel afgeeft. Er wordt genipt aan vroege glaasjes *rosé*, en de gesprekken worden dikwijls op samenzweerderige mompeltoon gevoerd.

Onder het wachten op Alain keek ik naar twee mannen die diep over hun drankje gebogen zaten, met hun hoofden dicht bij elkaar, en tussen hun zinnen door telkens even om zich heen keken. Een van hen haalde een gebarsten Bic-ballpoint te voorschijn en schreef iets op de palm van zijn hand. Hij liet aan de ander zien wat hij geschreven had en spuwde daarop in zijn handpalm en wreef zorgvuldig het belastend bewijs weer weg. Wat kon het zijn geweest? De nieuwe prijs per kilo? De combinatie van de kluis van de bank naast het café? Of een waarschuwing? *Zeg niets. Er zit een vent met een bril op naar ons te staren.*

Alain arriveerde, en iedereen in het café keek naar hem, zoals ze ook naar mij gekeken hadden. Ik had het gevoel alsof ik iets gevaarlijks en onwettigs ging doen in plaats van alleen maar ingrediënten voor een omelet kopen.

Ik had het knipsel uit *The Times* meegebracht, maar voor Alain was het al oud nieuws. Hij had er al over gehoord van een vriend in de Périgord, waar het heel wat heilige verontwaardiging had gewekt onder deugdzame handelaars, en ernstige achterdocht bij hun klanten.

Alain was naar Apt gekomen om onderhandelingen over een nieuwe truffelhond aan te knopen. Hij kende de eigenaar, maar niet goed, en derhalve zou het allemaal wel even duren. De vraagprijs was niet mis, 20.000 franc, en je kon nergens op vertrouwen. Er zouden veldproeven moeten worden gearrangeerd. De leeftijd van de hond zou moeten worden vastgesteld, en zijn uithoudingsvermogen en scherpe neus gedemonstreerd. Je wist maar nooit.

Ik informeerde naar het minivarken. Alain haalde zijn schouders op, en zijn wijsvinger dwars over zijn keel. In laatste instantie, zei hij, was tenzij je het onhandig gedoe met een varken van normale grootte voor lief wilde nemen, een hond de enige oplossing. Maar om nu de juiste hond te vinden, een hond die zijn gewicht in bankbiljetten waard zou zijn, dat was helemaal niet zo eenvoudig.

Het ras 'truffelhond' bestaat niet. De meeste truffelhonden die ik gezien had waren kleine, onopvallende, kefferige beestjes die er uitzagen alsof er mogelijkerwijs vele generaties geleden een terriër zich kortstondig met de bloedlijn bemoeid had. Alain zelf had een oude Duitse herder die het in zijn tijd goed gedaan had. Het was allemaal een kwestie van individuele aanleg en training, en er bestond geen enkele waarborg dat een hond die zijn kunstjes voor de ene baas vertoonde dat ook voor de andere zou doen. Alain herinnerde zich iets, en glimlachte. Daar bestond een beroemd verhaal over. Ik vulde zijn glas opnieuw, en hij vertelde het me.

Een man uit St. Didier had ooit een hond gehad die naar zijn zeggen truffels vinden kon waar geen enkele andere hond ze ooit gevonden had. De hele winter door kwam die man uit St. Didier, wanneer andere jagers met een handvol of misschien een dozijn truffels uit de heuvels terugkeerden, in het café aanzetten met een uitpuilende tas. De hond was een *merveille*, en de eigenaar bleef maar opscheppen over zijn kleine Napoleon, zo genoemd omdat zijn neus goud waard was.

Vele mannen wilden Napoleon hebben, maar iedere keer dat ze een bod op hem deden sloeg de eigenaar het af. Totdat er op een dag iemand het café binnenkwam en vier *briques* op tafel legde, vier dikke bundels geld, een totaal van 40.000 franc. Dit was een uitzonderlijk hoge prijs en het bod werd met veel vertoon van tegenzin uiteindelijk geaccepteerd. En daar ging Napoleon met zijn nieuwe baas.

De rest van het seizoen vond hij geen enkele truffel. De nieuwe eigenaar was *en colère*. Hij nam Napoleon mee naar het café en eiste z'n geld terug. De oude eigenaar zei hem op te krassen en eerst maar eens goed te leren zoeken. Een dergelijke *imbécile* verdiende geen hond als Napoleon. Er werden nog wat meer onaangename woordjes gewisseld, maar er was geen kwestie van dat het geld werd teruggegeven.

De nieuwe eigenaar ging naar Avignon om een advocaat in de arm te nemen. De advocaat zei, zoals advocaten dikwijls doen, dat dit een wat schemerig gebied was. Er was geen precedent dat houvast kon bieden, geen enkel geval in de lange en nauwgezet gedocumenteerde geschiedenis van de Franse rechtspraak dat enige aanknopingspunten bood voor het probleem van een hond die zijn plicht verzaakte. Zonder twijfel was dit een geschil dat door een geleerde rechter zou moeten worden beslecht.

Maanden en vele consulten later werden beide mannen opgeroepen om voor het gerechtshof te verschijnen. De rechter, die een grondig en gewetensvol man was, wilde zeker weten dat alle betrokkenen bij de zaak aanwezig waren. Er werd een *gendarme* op uitgestuurd om de hond te arresteren en naar het hof te brengen om als kroongetuige op te treden.

Of de aanwezigheid van de hond in de getuigenbank de rechter ja dan nee tot steun was bij zijn overwegingen is niet bekend, maar hij kwam tot de volgende uitspraak: Napoleon moest worden teruggegeven aan zijn oude eigenaar, die de helft van de koopsom zou terugbetalen; hij mocht de andere helft houden als vergoeding voor het feit dat hij geen gebruik van de diensten van de hond had kunnen maken.

Thans weer herenigd verhuisden Napoleon en zijn oude eigenaar van St. Didier naar een dorp ten noorden van Carpentras. Twee jaar later werd van een identiek geval aangifte gedaan, ofschoon vanwege de inflatie het geldbedrag hoger was. Napoleon en zijn eigenaar hadden opnieuw toegeslagen.

Maar hier was iets dat ik niet snapte. Als de hond zo'n begenadigd truffelzoeker was, zou zijn eigenaar toch zeker meer verdienen door hem voor zichzelf te laten werken dan door hem te verkopen, ook al kon hij iedere keer dat hij voor het gerecht verscheen de hond en de helft van het geld houden.

Ah, zei Alain, je hebt net als ieder ander aangenomen dat de truffels in de tas door Napoleon gevonden waren, op de dag zelf dat ze het café binnengesjouwd werden.

Non?

Non. Ze werden gewoon in de *congélateur* bewaard en daar een of twee keer per week uitgehaald. Die hond kon nog geen varkenskarbonade in een *charcuterie* vinden. Hij had een neus van hout.

Alain dronk zijn wijnglas leeg. 'Je moet nooit een hond in een café kopen. Altijd pas nadat je hem aan het werk hebt gezien.' Hij keek op zijn horloge. 'Ik heb nog wel tijd voor nog een glas. En jij?'

Altijd, zei ik. Had hij nog een verhaal?

'Aangezien je schrijver bent vind je het volgende vast wel leuk,' zei hij. 'Het speelt wel vele jaren geleden, maar men heeft mij verzekerd dat het echt is gebeurd.'

De boer bezat een lapje grond op enige afstand van zijn huis. Het was niet veel, nog geen twee hectare, maar het stond vol oeroude eiken, en elke winter waren er een heleboel truffels, genoeg om de boer in staat te stellen de rest van het jaar in aangenaam nietsdoen door te brengen. Zijn varken hoefde nauwelijks te zoeken. Jaar na jaar kwamen de truffels min of meer op dezelfde plek op. Het was net alsof je puur geld onder de bomen vond. God was goed, en de boer kon rekenen op een oude dag in grote welvaart.

Men kan zich voorstellen dat hij geërgerd was toen hij op een ochtend vers omgewoelde aarde onder de bomen opmerkte. Er was 's nachts iets op zijn land geweest. Mogelijk een hond of zelfs een loslopend varken. Iets verderop zag hij een sigarettepeukje dat in de aarde was getrapt; van een moderne filtersigaret, niet een van het soort dat hij zelf rookte. En zeer zeker niet daar achtergelaten door een loslopend varken. Dit was uiterst verontrustend.

Bij zijn gang van de ene boom naar de andere nam zijn verontrusting toe. Er was nog meer aarde omgewoeld, en hij zag hier en daar op stenen verse krassen die alleen maar door een truffelhouweel gemaakt konden zijn.

Het was niet, het kón niet een van zijn buren zijn geweest. Die kende hij allemaal van kindsaf. Het moest een vreemdeling zijn, iemand die niet wist dat dit kostbare stukje grond van hem was.

Aangezien hij een redelijk man was, moest hij toegeven dat een vreemdeling op geen enkele manier kon zien of het land privé-eigendom was of niet. Hekken en borden waren duur, en hij had er nooit de noodzaak van ingezien. Zijn land was van hem, dat wist iedereen. Het was duidelijk dat de tijden waren veranderd en vreemdelingen de heuvels binnen begonnen te dringen. Die middag reed hij naar de dichtstbijzijnde stad en kocht een armvol borden: *Propriété privée, Défense d'entrer*, en ten overvloede nog eens drie of vier waarop *Chien méchant* stond. Hij en zijn vrouw bleven tot donker bezig ze buitenom het land tegen de bomen te spijkeren.

Er gingen een paar dagen voorbij zonder dat er nieuwe sporen van de indringer met het truffelhouweel ontdekt werden, en de boer begon zich al wat gerustgesteld te voelen. Het was een onschuldige vergissing geweest, ofschoon hij zich wel afvroeg waarom een onschuldig man 's nachts op truffeljacht zou gaan.

En toen gebeurde het opnieuw. De borden waren

genegeerd, het land was geschonden en God mag weten hoeveel dikke zwarte goudklompjes onder dekking van het duister aan de aarde onttrokken waren. Niet langer was dit te verontschuldigen als de vergissing van een onwetende liefhebber. Dit was een *braconnier*, een stroper, een dief in de nacht die hoopte een graantje mee te pikken van de enige bron van inkomsten van een oude man.

De boer en zijn vrouw bespraken die avond terwijl ze in de keuken hun *soupe* zaten te eten het probleem uitvoerig. Ze konden er natuurlijk de politie bij halen. Maar aangezien de truffels – of althans de francs verdiend met de verkoop van de truffels – officieel niet bestonden, was het misschien niet zo verstandig een beroep op de autoriteiten te doen. Dan zouden er vragen worden gesteld over de waarde van het gestolene, en dergelijke privé-informatie kon het best ook privé blijven. Bovendien zou de officiële straf voor het stropen van truffels, zelfs al bestond die uit een poosje cel, geen vergoeding zijn voor de duizenden francs die op ditzelfde moment in des stropers diepe en oneerlijke zakken werden gepropt.

En dus besloot het echtpaar om hun recht te halen op hardere maar bevredigender wijze, en de boer ging twee van zijn buren opzoeken, mannen die begrip zouden hebben voor wat er gedaan diende te worden.

Ze stemden ermee in hem te helpen, en verscheidene lange, koude nachten wachtten ze gedrieën met hun geweren tussen de truffeleiken, om elke ochtend enigszins aangeschoten thuis te komen door de *marc* die ze wel hadden moeten drinken om de kilte te weren. Ten langen leste zagen ze op een nacht waarop de wolken voor het gezicht van de maan langs vloden en de mistral in de gezichten van de drie mannen striemde, de koplampen van een auto. Hij bleef staan bij het eind van een zandpad, tweehonderd meter de heuvel af.

De motor werd afgezet, de lampen gedoofd, de portieren geopend en zachtjes gesloten. Er klonken stemmen, en dan kwam langzaam het schijnsel van een zaklantaarn de heuvel op, naar hen toe.

De eerste die de bomen bereikte was een hond. Hij bleef staan, ving de lucht van de mannen op en blafte – een hoge, nerveuze blaf, dadelijk gevolgd door een *sssst* toen de stroper hem toesiste stil te zijn. De mannen bogen en strekten hun verstijfde vingers om hun geweren steviger vast te kunnen houden, en de boer richtte de zaklantaarn die hij speciaal voor gebruik bij deze hinderlaag had meegenomen.

De lichtstraal ving hen toen ze op de open plek verschenen: een echtpaar, van middelbare leeftijd en kleurloos, de vrouw met een linnen zakje in de hand, de man met een zaklantaarn en truffelhouweel. Op heterdaad betrapt.

De drie mannen liepen met veel vertoon van hun wapentuig op de twee toe. Dezen waren weerloos, en bekenden met de geweerlopen pal onder hun neus onverwijld dat zij al eerder truffels waren komen stelen.

Hoeveel truffels? vroeg de oude boer. Twee kilo? Vijf kilo? Meer?

Stilzwijgen bij de beide stropers, en stilzwijgen bij de drie mannen die stonden te bedenken wat ze nu moesten doen. Er moest recht geschieden; en nog belangrijker dan recht, er moest geld worden terugbetaald. Een van de mannen fluisterde de oude boer iets in het oor, en hij knikte. Ja, dat zullen we doen. Hij sprak het vonnis van de geïmproviseerde rechtbank uit.

Waar had de stroper zijn bank? In Nyons? *Ah bon.* Als u nu begint te lopen bent u er wanneer die opengaat. Dan haalt u 30.000 franc van uw rekening, die u vervolgens netjes hier brengt. We houden uw auto en uw hond en uw vrouw vast tot u terug bent.

De stroper vertrok voor zijn wandeling van vier uur naar Nyons. Zijn hond werd in de achterbak van de auto gedeponeerd, zijn vrouw op de achterbank. De drie mannen wrongen zich ook maar naar binnen. Het was een koude nacht. Ze brachten die dommelend door met af en toe een flinke scheut *marc.*

De dageraad kwam, dan de morgen, dan het middaguur...

Alain onderbrak zijn verhaal. 'Jij bent een schrijver,' zei hij. 'Hoe denk je dat het afliep?'

Ik deed twee gissingen, die beide verkeerd waren, en Alain lachte.

'De afloop was heel simpel, helemaal niet *dramatique*,' zei hij. 'Behalve dan misschien voor de vrouw. De stroper ging naar de bank in Nyons en haalde er al het geld af dat hij bezat, en toen – *pouf!* – verdween hij met de noorderzon.'

'Hij is helemaal niet teruggekomen?'

'Niemand heeft hem ooit weergezien.'

'Zijn vrouw ook niet?'

'Zijn vrouw zeer zeker niet. Hij was niet zo dol op haar.'

'En de boer?'

'Die was nog nijdig toen hij stierf.'

Alain zei dat hij nu moest gaan. Ik betaalde hem voor de truffels, en wenste hem veel geluk met zijn nieuwe hond. Toen ik thuiskwam sneed ik een van de truffels doormidden om me ervan te vergewissen dat hij door en door echt diepzwart was. Hij leek een nette kerel, die Alain, maar je weet maar nooit.

– 19 –
Het leven door een rosé bril

O
p de inboorlingentoer.
Ik weet niet of het bedoeld was als een grapje, een belediging of een compliment, maar
dat was wat de man uit Londen zei. Hij was op zijn
weg naar de kust onverwacht binnen komen vallen, en
bleef lunchen. We hadden hem vijf jaar niet gezien en
hij was duidelijk nieuwsgierig wat voor effect het leven
in de Provence op ons had, en bekeek ons voortdurend vorsend of hij geen tekenen van moreel en fysiek
verval kon ontdekken.

Wij waren ons er niet van bewust dat wij veranderd
waren, maar hij wist het zeker, ofschoon er niets be-
paalds was waar hij de vinger op kon leggen. Bij ont-
stentenis van enige zulke duidelijk waarneembare veranderingen als delirium tremens, roestig Engels of
voortijdige seniliteit, stopte hij ons maar in dat vage,
zo handig alles omvattende hokje met 'op de inboorlingentoer' erboven.

Toen hij wegreed in zijn keurig schone auto met de
telefoonantenne vrolijk zwiepend in de bries, keek ik
naar onze kleine en stoffige Citroën, zonder enig com-
municatiemiddel aan boord. Dat was zeer zeker een
inboorlingenauto. En vergeleken bij het Côte d'Azur-
tenue van onze bezoeker was ik op z'n inboorlings ge-

kleed: oud overhemd, korte broek, geen schoenen.
Toen herinnerde ik mij hoe dikwijls hij tijdens de
lunch op zijn horloge had gekeken, omdat hij om half
zeven vrienden in Nice moest treffen. Niet later op de
dag, niet ergens die avond, maar om half zeven. Op de
minuut. Wij hadden al lang geleden wegens het ontbreken van elke steun ter plaatse dit hoge niveau van
punctualiteit laten varen, en leefden nu volgens de regels van het 'ongeveer zo of zo laat'. Ook al zo'n in-
boorlingengewoonte.

Hoe meer ik erover nadacht, hoe meer ik ging beseffen dat we inderdaad veranderd moesten zijn. Ik
zou het niet op z'n inboorlings genoemd hebben,
maar ons oude leven en ons nieuwe verschillen in tientallen opzichten, en we hebben ons aan die verschillen
aan moeten passen. Het is niet zo moeilijk geweest. De
meeste veranderingen hebben zich geleidelijk en op
plezierige wijze, bijna onmerkbaar voltrokken. En het
zijn allemaal positieve veranderingen, denk ik.

We kijken geen televisie meer. Dat is geen zelfvol-
daan besluit geweest om ons tijd voor intellectuelere
bezigheden te verschaffen; we zijn er gewoon vanzelf
mee opgehouden. In de zomer is televisiekijken domweg geen vergelijk met kijken naar de avondlucht. In
de winter is de strijd met het avondmaal een volstrekt
ongelijke. Het televisietoestel is nu naar een kast ver-
wezen, om meer ruimte voor boeken te krijgen.

We eten beter dan vroeger, en waarschijnlijk ook
goedkoper. Het is onmogelijk om als je enige tijd in
Frankrijk verblijft immuun te blijven voor de nationale enthousiaste preoccupatie met voedsel, en wie zou
dat willen? Waarom zou je een dagelijkse noodzaak

niet tot een dagelijks genoegen maken? We hebben ons ingevoegd in het gastronomische ritme van de Provence, en doen ons voordeel met de speciale aanbiedingen waar de natuur het hele jaar in voorziet: asperges, piepkleine *haricots verts* die nauwelijks dikker zijn dan lucifershoutjes, dikke *fèves*, kersen, aubergines, *courgettes*, paprika's, perziken en abrikozen en meloenen en druiven, *blette*, wilde paddestoelen, olijven, truffels – elk seizoen brengt zijn eigen traktaties mee. Met de kostbare uitzondering van de truffel kost niets meer dan enkele francs per kilo.

Vlees is iets anders, en de prijzen van de slagers doen de bezoeker soms verbleken. De Provence is geen veeteeltgebied, en dus kan de Engelsman die 's zondags zijn gebraden bieflapjes wenst te nuttigen maar beter zijn chequeboek in de aanslag houden en voorbereid zijn op een teleurstelling, want het rundvlees is goedkoop noch mals. Maar lamsvlees, vooral uit het gebied rond Sisteron waar de schapen zichzelf met kruiden op smaak brengen, heeft een aroma waarvan het een misdaad zou zijn om die met een mintsaus te verdoezelen. En elk onderdeel van het varken is zeer smakelijk.

Niettemin eten we nu minder vlees. Een enkele *appelation controlée*-kip uit Bresse, de wilde konijnen die Henriette ons in de winter brengt, een *cassoulet* wanneer de temperatuur daalt en de mistral rond het huis loeit – zo nu en dan vlees is heerlijk. Elke dag vlees is een gewoonte uit het verleden. Er is nog zoveel anders: vis uit de Middellandse Zee, verse pasta, talloze recepten voor al die groenten, dozijnen broodsoorten, honderden kaassoorten.

Het kan aan de verandering in ons voedselpatroon liggen en aan de manier waarop ons eten wordt klaargemaakt, altijd met olijfolie, maar we zijn allebei afgevallen. Een beetje maar, maar voldoende om vrienden verbaasd te doen staan die de verwachting koesterden dat wij het puilende *embonpoint* zouden hebben ontwikkeld – het figuur als van een buik op stelten – dat mensen met een goede eetlust die zo fortuinlijk zijn om die in Frankrijk te kunnen botvieren soms krijgen.

Ofschoon het helemaal geen opzet van ons is kregen we ook meer lichaamsbeweging. Niet in de vorm van de akelige lichaamsverdraaiingen en -verwringingen die zo worden aanbevolen door schonkige vrouwen in tricotpakjes, maar de lichaamsbeweging die je vanzelf krijgt door het wonen in een klimaat dat je permitteert acht of negen maanden van het jaar buiten door te brengen. Het heeft niets met een geplande discipline te maken, afgezien dan van de kleine noodzakelijke inspanningen behorend bij het leven op het platteland – houtblokken binnenhalen voor het vuur, het onkruid binnen de perken, en de greppels schoon houden, planten, snoeien, bukken en tillen. En lopen, elke dag, in iedere soort weer.

We hebben mensen te logeren gehad die niet wilden geloven dat lopen een zware vorm van lichaamsbeweging kan zijn. Het is geen opzienbarend inspannende, onmiddellijk vermoeiende, snelle of heftige beweging. Iedereen loopt toch, zeggen ze. Dat kun je geen lichaamsbeweging noemen. Uiteindelijk nemen we hen, als ze blijven zeuren, maar mee voor een wandelingetje met de honden.

De eerste tien minuten lopen we over vlak terrein,

langs het voetpad onder aan de berg, lekker op ons dooie akkertje. Een aardig wandelingetje om een frisse neus te halen en van het uitzicht op de Mont Ventoux in de verte te genieten. Maar lichaamsbeweging? Hun ademhaling is niet eens versneld. Dan slaan we af en gaan het pad op dat naar het over de ruggegraat van de Lubéron groeiende cederwoud leidt. De bodem verandert van zanderige grond bestrooid met zachte dennenaalden in gesteente, met gedeelten waar losse steenschilfers liggen, en we beginnen te klimmen. Na vijf minuten blijven neerbuigende opmerkingen over wandelen dat de lichaamsbeweging van een oude man zou zijn achterwege. Na tien minuten blijven alle opmerkingen achterwege, en is er alleen nog maar het geluid van een toenemend zware ademhaling, onderbroken door gehoest. Het pad slingert zich om rotsblokken heen en gaat onder takken door die zo laag hangen dat je je helemaal dubbel moet vouwen. Nergens een bemoedigende blik op de top; het zicht is beperkt tot zo'n honderd meter smal, stenig, steil omhoog lopend pad, voordat het weer om de volgende steenbult verdwijnt. Heeft iemand nog enige adem over, dan kun je misschien een vloek horen wanneer er een enkel wordt verzwikt op het wegschuivend steengruis. Benen en longen staan in brand.

De honden dribbelen voor ons uit, en de rest komt in een onregelmatige rij achter hen aan; de minst fitten strompelen gebogen voort met hun handen op hun dijen. Gewoonlijk worden ze er door hun trots van weerhouden om af te haken, en ze hijgen koppig voort, licht onpasselijk en met het hoofd omlaag. Nooit weer zullen ze lopen afdoen als iets dat je geen lichaamsbeweging kunt noemen.

Bij het bereiken van de top krijg je je beloning: opeens sta je midden in een adembenemend landschap waar geen geluid weerklinkt, soms een tikje 'unheimisch', maar altijd mooi. De ceders zijn schitterend, en helemáál betoverend wanneer ze met grote guirlandes van sneeuw behangen zijn. Achter ze, aan de zuidkant van de berg, valt de bodem steil weg, grijs en vol rotspunten waarvan de contouren verzacht worden door de tijm en buxus die zelfs nog in de minst veelbelovende plooi van het gesteente schijnen te groeien.

Op een heldere dag, wanneer de mistral heeft gewaaid en de lucht stralend schoon is, heb je een ver en helder uitzicht in de richting van de zee, bijna alsof alles is uitvergroot, en je hebt het gevoel honderden kilometers van de rest van de wereld vandaan te zijn. Ik heb daarboven eens een boer ontmoet, op de weg die het Bosbeheer tussen de ceders heeft aangelegd. Hij was op een oude fiets, over zijn rug hing een geweer, naast hem draafde een hond mee. We schrokken er allebei van dat we iemand anders tegenkwamen. Normaliter is het er minder druk, en is het enige geluid dat je er hoort dat van de wind die aan de takken plukt.

De dagen verstrijken langzaam, maar de weken vliegen voorbij. We delen het jaar nu in naar zaken die weinig met agenda's en bepaalde data te maken hebben. In februari staan de amandelbomen in bloei, en kennen we enkele weken van voor-lentepaniek in de tuin waarin we proberen het werk gedaan te krijgen waar we het de hele winter over hebben gehad. Het voorjaar is een bonte mengeling van kersebloesem en duizend onkruidplanten en de eerste gasten van het jaar, die hopend op subtropisch weer arriveren en dikwijls niets anders krijgen dan wind en regen. De zomer kan beginnen in april. Ze kan ook beginnen in mei. We weten dat de zomer is gekomen wanneer Bernard langs komt om ons te helpen met het blootleggen en schoonmaken van het zwembad.

Papavers in juni, droogte in juli, stormen in augustus. De wijnranken beginnen een roestkleur aan te nemen, de jagers komen uit hun zomerslaap, de druiven zijn geplukt en het water in het zwembad wordt steeds tintelfrisser tot het te koud wordt voor iets meer dan een masochistische onderdompeling midden op de dag. Het moet nu eind oktober zijn.

De winter staat bol van de goede voornemens, en sommige daarvan worden ook werkelijk uitgevoerd. Een dode boom wordt omgehakt, een muur wordt opgetrokken, oude ijzeren tuinstoeltjes krijgen een nieuw verfje, en als er nog tijd over is nemen we het woordenboek ter hand en hervatten onze worsteling met de Franse taal.

Ons Frans is verbeterd, en het idee een avond uitsluitend in Frans gezelschap door te moeten brengen is niet meer zo angstaanjagend als vroeger. Maar om de frasering aan te houden die zo dikwijls bij mijn schoolrapporten werd gehanteerd, er is nog aanzienlijke ruimte voor verbetering. Beter je best doen. En dus kruipen we voort door boeken van Pagnol en Giono en De Maupassant, kopen we regelmatig *Le Provençal*, luisteren we naar de machinegeweervoordracht van nieuwslezers op de radio en proberen we de mysteriën te ontsluieren van wat naar men ons voortdurend vertelt een volstrekt logische taal is.

Dat lijkt me een mythe die door de Fransen is bedacht om buitenlanders in opperste verwarring te brengen. Waar schuilt bijvoorbeeld de logica in het geslacht dat aan eigennamen en zelfstandige naamwoorden wordt toegekend? Waarom is de Rhône mannelijk en de Durance vrouwelijk? Het zijn allebei rivieren, en als ze dan al een geslacht moeten hebben, waarom kan het dan niet hetzelfde geslacht zijn? Toen ik eens een Fransman vroeg mij dit uit te leggen gaf hij mij een hele dissertatie over bronnen, stromen en overstromingen die volgens hem een afdoend en natuurlijk logisch antwoord op de vraag vormde. Toen stapte hij over op de mannelijke oceaan, de vrouwelijke zee, het mannelijk meer en het vrouwelijke poeltje. Zelfs het water moet wel in de war raken.

Zijn uiteenzetting vermocht niets te veranderen aan mijn theorie, die luidt dat geslachten er om geen andere reden zijn dan om het allemaal moeilijk te maken. Ze zijn met de Franse slag en volkomen willekeurig uitgedeeld, soms zelfs met heldhaftig voorbijgaan aan de anatomische fijne nuances. Het Franse woord voor vagina is *vagin*. *Le vagin*. Mannelijk. Hoe kan de bevreemde student hopen nog enige logica te ontdekken in een taal waarin de vagina mannelijk is?

Dan ligt er ook nog het androgyne *lui* op de loer om ons op de drempel van menige zin in de nek te springen. Normaliter is *lui* hem. In sommige constructies is *lui* haar. Dikwijls tasten we over *lui*'s geslacht in het duister totdat ons dat enige tijd nadat hij of zij ter sprake is gebracht onthuld wordt, zoals in: '*Je lui ai appellé*' (Ik heb hem gebeld), '*mais elle était occupée*' (maar ze was bezig). Een mysterie van korte duur, misschien, maar toch wel een dat de beginneling lelijk beentje kan lichten, vooral wanneer *lui's* voornaam eveneens een mengeling van vrouwelijk en mannelijk is, zoals Jean-Marie of Marie-Pierre.

En dat is nog niet eens het ergste. Elke dag doen zich vreemde en onnatuurlijke zaken voor binnen de formele structuur van de Franse syntaxis. Kort geleden onderbrak een kranteartikel over het huwelijk van de popzanger Johnny Hallyday zijn beschrijving van het toilet van de bruid om Johnny een schouderklopje te geven. '*Il est,*' zo luidde het artikel, '*une grande vedette.*' Binnen één enkele korte zin was de ster van sekse veranderd, en dat op zijn trouwdag ook nog.

Misschien is vanwege deze onbegrijpelijke wendingen en kronkelingen het Frans eeuwenlang de taal van de diplomatieke wereld geweest, een wereld waarin eenvoud en helderheid niet als noodzakelijk, niet eens als wenselijk werden beschouwd. De behoedzame verklaring, ondoorzichtig gemaakt door formele bewoordingen die op verschillende manieren kunnen worden uitgelegd, zal een ambassadeur juist veel minder snel in de problemen brengen dan simpele woorden, woorden die bedoelen wat ze zeggen. Volgens Alex Dreier is een diplomaat 'iemand die twee keer nadenkt voordat hij niets zegt'. Nuancering en veelzeggende vaagheid zijn van essentieel belang, en het Frans is er misschien wel speciaal voor uitgevonden om al dat taalkundig onkruid in de holten en spleten van elke zin te doen woekeren.

Maar het is een prachtige, soepele en romantische taal, ofschoon het mogelijk niet helemaal de eerbiedige benadering verdient waarmee een cursus Frans als een '*cours de civilisation*' beschreven wordt door die lieden die hun taal beschouwen als een nationale kunstschat en een stralend voorbeeld van hoe iedereen zou moeten spreken. Men kan zich de ontzetting voorstellen waarmee deze puristen de buitenlandse wanstaltigheden beschouwen die tegenwoordig het Frans van alledag binnensluipen.

Het bederf trad waarschijnlijk in toen *le weekend* het Kanaal overglipte naar Parijs, rond hetzelfde tijdstip waarop een nachtclubeigenaar in Pigalle zijn etablissement *Le Sexy* doopte. Dit leidde onvermijdelijk tot het stoute fenomeen van *le weekend sexy*, tot verrukking van Parijse hoteleigenaars en tot wanhoop van hun tegenhangers in Brighton en andere minder erotisch getinte ontspanningsoorden.

Het binnendringen van vreemde elementen is niet tot de slaapkamer beperkt gebleven. Ook op kantoor is het gebeurd. De bedrijfsfunctionaris heeft nu *un job*. Als de werkdruk hem te veel wordt, raakt hij in toenemende mate *stressé*, misschien vanwege de zware taak *un leader* te zijn in de bedrijfsjungle van *le marketing*. De arme overwerkte stakker heeft niet eens tijd voor de traditionele lunch van drie uur, en moet zich zien te redden met *le fast food*. Het is een uiterst aanstootgevend soort Frans-Engels, en de wijze oude mannen van de Académie Française krijgen er regelmatig woedeaanvallen over. Ik kan niet zeggen dat ik hen ongelijk geef. Deze lompe invoegingen in een zo elegante taal zijn *scandaleux*; of, anders gesteld, *les pits*.

De geleidelijke verspreiding van het 'Franglais' wordt in de hand gewerkt door het feit dat de Franse woordenschat veel beperkter is dan de Engelse. Dit brengt weer zijn eigen problemen met zich mee, omdat hetzelfde woord meer dan één betekenis kan hebben. In Parijs zal bijvoorbeeld *'je suis ravi'* normaliter worden geïnterpreteerd als 'ik ben zeer verheugd'. In het Café du Progrès in Ménerbes bestaat er echter een tweede, weinig complimenteuze vertaling voor *ravi*, en kan hetzelfde zinnetje betekenen: 'Ik ben de dorpsidioot.'

Om mijn verwarring te kunnen verbergen en althans enige van de vele verbale valstrikken te vermijden, heb ik leren knorren als een autochtoon, en van die kleine maar expressieve geluidjes leren maken – dat plotseling inzuigen van je adem, dat begrijpend tonggeklak, dat gemompeld *beh oui* – die in de conversatie als stapstenen worden gebruikt tussen het ene onderwerp en het andere.

Van dit alles is het meest algemeen toepasbaar, en derhalve het nuttigst, het korte en ogenschijnlijk duidelijke zinnetje *ah bon*, met of zonder vraagteken. Ik placht te menen dat dit bedoelde wat het zei, maar natuurlijk is dat niet zo. Een typische gedachtenwisseling, met het juiste gehalte aan rampen en somberheid, zou ongeveer zo kunnen verlopen:

'Onze Jean-Pierre zit deze keer echt goed in de nesten.'

'*Oui?*'

'*Beh oui.* Hij komt het café uit, stapt in zijn auto, rijdt over een *gendarme* heen – volledig *écrasé* – rijdt tegen een muur, gaat door de voorruit, haalt zijn hoofd open en breekt zijn been op veertien plaatsen.'

'*Ah bon.*'

Afhankelijk van stembuiging kan *ah bon* ontzetting uitdrukken, ongeloof, onverschilligheid, irritatie of vreugde – een opmerkelijke prestatie voor twee korte woordjes.

Net zo is het mogelijk een kort gesprek te voeren dat voor het grootste deel uit twee andere monosyllaben bestaat – *ça va* – wat letterlijk betekent 'het gaat'. Elke dag komen in elke stad en in elk dorp in de Provence kennissen elkaar op straat tegen, wisselen de rituele handdruk, en houden de rituele dialoog:

'*Ça va?*'

'*Oui. Ça va, ça va. Et vous?*'

'*Bohf, ça va.*'

'*Bieng. Ça va alors.*'

'*Oui, oui. Ça va.*'

'*Allez, Au 'voir.*'

'*Au 'voir.*'

Weergave van de woorden alleen doet geen recht aan het hele gebeuren, dat wordt aangevuld en opgesierd door schokschoudertjes en zuchten en nadenkende stiltes, die wel twee tot drie minuten kunnen duren als de zon schijnt en er geen dringende bezigheden wachten. En uiteraard wordt diezelfde ongehaaste, plezierige hernieuwing van het contact met gezichten uit de buurt in de loop van de ochtendwandeling langs de winkels ettelijke malen herhaald.

Na enkele maanden van deze ongecompliceerde ontmoetingen krijg je gemakkelijk het misleidend idee dat je het gesproken Frans al heel aardig gaat beheersen. Misschien heb je zelfs lange avonden doorgebracht in het gezelschap van Fransen die beweren je te verstaan. Ze worden meer dan kennissen; ze worden vrienden. En wanneer zij het ogenblik gekomen achten, bieden ze je het geschenk aan van de verbale uitdrukking van hun vriendschap, die je weer een heel stel nieuwe kansen biedt om voor paal te staan. In plaats van met *vous* gaan ze je nu aanspreken met *tu* of *toi*, een verbale vorm van intimiteit waarvoor een eigen werkwoord bestaat, *tutoyer*.

De dag waarop een Fransman van de formaliteit van *vous* overstapt op de familiariteit van *tu* is een dag waar je niet min over moet denken. Op deze dag krijg je het niet mis te verstane signaal dat hij – na weken of maanden of soms jaren – besloten heeft dat hij je mag. Het zou lomp en onhartelijk van je zijn om het compliment niet te beantwoorden. En dus word je, net wanneer je je eindelijk redelijk op je gemak voelt met *vous* en alle meervoudsvormen die daarbij horen, halsoverkop in de enkelvoudige wereld van *tu* gesmeten. (Tenzij je natuurlijk het voorbeeld volgt van ex-president Giscard d'Estaing, die zelfs zijn vrouw met *vous* schijnt toe te spreken.)

Maar we struikelen voort, alle mogelijke vergrijpen begaand tegen grammatica en geslacht, lange en onhandige omwegen makend om de moerassen van de conjunctief en de gapende hiaten in onze woordenschat te vermijden, in de hoop onze vrienden niet té zeer met weerzin te vervullen over onze mishandeling van hun taal. Ze zijn zelfs zo vriendelijk om te zeggen dat ons Frans hen geen rillingen van afschuw bezorgt. Ik betwijfel het, maar er valt niet te twijfelen aan hun verlangen ons ons thuis te doen voelen, en het leven van alledag bezit hier een warmte die niet alleen van de zon afkomstig is.

Dat is tenminste onze ervaring. Kennelijk is het niet die van iedereen, en sommige mensen geloven ons ook niet, of schijnen zich zelfs aan ons te ergeren. Men heeft ons beschuldigd van een misdadige opgewektheid, van het opzettelijk blind blijven voor kleine problemen, en van het opzettelijk negeren van iets dat onveranderlijk beschreven wordt als de donkere kant van het karakter van de Provençaal. Dit onheilspellend cliché wordt met veel bombarie uitgesproken en verlucht met woorden als oneerlijk, lui, kwezelig, hebberig en ruw. Het is alsof dit specifiek plaatselijke eigenschappen zijn waar de onschuldige vreemdeling – eerlijk, vlijtig, onbevooroordeeld en in algemene zin vrij van enige blaam – voor het eerst van zijn leven aan wordt blootgesteld.

Natuurlijk is het waar dat er in de Provence boeven en hypocriete kwezels zijn, net zoals je overal boeven en hypocriete kwezels hebt. Maar wij hebben het getroffen en de Provence is goed voor ons geweest. We zullen er nooit méér zijn dan inwonende bezoekers in andermans land, maar we zijn met open armen ontvangen en men heeft het ons in alle opzichten naar de zin gemaakt. We hebben geen spijt, weinig te klagen, en genieten met volle teugen.

Merci Provence.